Ulus Uyar

Der türkische Immobilienmarkt

Die Perle aus dem Orient?

Bachelor + Master
Publishing

Uyar, Ulus: Der türkische Immobilienmarkt. Die Perle aus dem Orient?, Hamburg, Diplomica Verlag GmbH 2013
Originaltitel der Abschlussarbeit: Der türkische Immobilienmarkt: Marktüberblick und Investitionsmöglichkeiten für deutsche Privatinvestoren

ISBN: 978-3-95549-004-1
Druck: Bachelor + Master Publishing, ein Imprint der Diplomica® Verlag GmbH, Hamburg, 2013
Zugl. FOM · Fachhochschule für Oekonomie und Management Essen, Essen, Deutschland, Diplomarbeit, Juli 2009

Bibliografische Information der Deutschen Nationalbibliothek:
Die Deutsche Nationalbibliothek verzeichnet diese Publikation in der Deutschen Nationalbibliografie; detaillierte bibliografische Daten sind im Internet über http://dnb.d-nb.de abrufbar.

Die digitale Ausgabe (eBook-Ausgabe) dieses Titels trägt die ISBN 978-3-95549-504-6 und kann über den Handel oder den Verlag bezogen werden.

Inhaltsverzeichnis

Abkürzungsverzeichnis

AKP	Adalet ve Kalkinma Partisi
BIP	Bruttoinlandsprodukt
ca.	circa
CBD	Central Business District
CBT	Central Bank of Turkey
CHP	Cumhuriyet Halk Partisi
DTP	Demokratik Toplum Partisi
EG	Europäische Gemeinschaft
EU	Europäische Union
evtl.	eventuell
f.	folgende
ff.	fort folgende
GAP	Güneydogu Anadolu Projesi
GYODER	Gayrimenkul Yatirim Ortakligi Dernegi
gem.	gemessen
i.H.v.	in Höhe von
IWF	Internationaler Währungsfonds
KfW	Kreditanstalt für Wiederaufbau
km	Kilometer
km²	Quadratkilometer
m²	Quadratmeter
MHP	Milliyetci Hareket Partisi
Mio.	Millionen
Mrd.	Milliarden
OECD	Organisation for Economic Co-operation and Development

p.a.	per anno
p.m.	per month
PWC	PriceWaterhouseCoopers
SP	Saadet Partisi
TL	Türk Lirasi
TOKI	Toplu Konut Idaresi
ULI	Urban Land Institute
USA	United States of America
US- Dollar	United States Dollar
vgl.	vergleiche
YTL	Yeni Türk Lirasi
zzgl.	zuzüglich

Abbildungsverzeichnis

1 Einleitung

1.1 Problemstellung

In Zeiten einer globalen Krise und Verunsicherung, in dessen Zuge fortlaufende Zinssenkungen der Zentralbanken folgen und somit nur sehr geringe Renditechancen für Anleger im Sparbereich bleiben, gilt es Überlegungen nach Alternativanlagen anzustellen, um weiterhin attraktive Renditen zu erzielen.

Bei diesen Überlegungen kommen auch neben einer risikoreicheren Anlage in Einzelaktien oder Aktienfonds vermehrt die Gedanken zu Investitionen in Immobilien auf. Schließlich genießen diese den Ruf, werthaltige und inflationssichere Anlagen zu sein.[1] Da der deutsche Immobilienmarkt allerdings seit Jahren keine hohen Renditen und Wertsteigerungen mehr verzeichnet, schweift der Blick über die Grenzen der Bundesrepublik hinaus.[2] Während unmittelbare Nachbarländer und große Industrienationen sich aufgrund ihres bereits ausgereiften Immobilienmarktes aus Renditegesichtspunkten kaum vom deutschen Immobilienmarkt unterscheiden, richtet sich der profitorientierte Blick der risikofreudigeren Investoren in Richtung der Vertreter der Emerging Markets. Zu diesen aufstrebenden Märkten zählen aus dem europäischen Raum insbesondere Länder wie Bulgarien, Rumänien, Russland und die Türkei.[3]

Dabei bietet speziell die Türkei nicht nur als Urlaubsland einige hochinteressante Gründe für ein langfristiges Investment im dortigen Immobilienmarkt. Analysten titelten bereits „Turkey is the India of Europe"[4] und deuteten dabei auf eine aufstrebende Nation hin. Denn ein Land mit einer jungen und wachsenden Bevölkerung von über 70 Mio. Menschen, in dem die Städte stetig durch starke Zuwanderung wachsen und immer mehr Haushalte entstehen, und dessen Wirtschaft fortlaufend stabiler wird, bietet vielfache Chancen.[5] Wie viel Potenzial wirklich in diesem Markt steckt und wo genau die Risiken versteckt sein könnten, soll im Rahmen dieser Arbeit geklärt werden. Neben den vielfachen Chancen und Möglichkeiten sollten die Risiken und Restriktionen gerade für deutsche Investoren nicht außer Acht gelassen werden.

---

1 Vgl. http://www.investments-check.de/.
2 Vgl. Hinrichs, H. (2007), S. 78.
3 Vgl. Hinrichs, H. (2007), S. 78.
4 PriceWaterhouseCoopers/ Urban Land Institute, Emerging Trends in Real Estate Europe 2008, S. 31.
5 Vgl. Deutsche Bank Research, Immobilieninvestitionen in der Türkei: Mehr als nur Istanbul, S. 3.

1.2 Zielsetzung

Im Rahmen dieser Arbeit soll der türkische Immobilienmarkt mit seiner Struktur, sowie seinen Chancen und Risiken näher analysiert werden. Diese Ausarbeitung soll insbesondere deutschen Privatinvestoren einen besseren Überblick über einen sonst als undurchsichtig geltenden Markt bieten und jedem Leser gemäß seiner individuellen Risikoneigung Entscheidungshilfen zur Hand geben.

1.3 Gang der Arbeit

Im nächsten Kapitel werden zunächst die geografischen Besonderheiten der Türkei zusammengefasst. Anschließend wird auf die Infrastruktur des Landes eingegangen.

Im dritten Kapitel der vorliegenden Arbeit werden die makroökonomischen Rahmendaten aufgegriffen. Hierbei wird ein Überblick zur gesamtwirtschaftlichen Situation der Türkei gegeben und die Entwicklung wichtiger Bestimmungsfaktoren analysiert. Zudem wird auf die politische Situation einschließlich der EU- Beitrittsbemühungen Bezug genommen.

Im anschließenden Kapitel 4 werden die Rahmenbedingungen für den Kauf einer Immobilie thematisiert. Insbesondere die rechtlichen Rahmenbedingungen aus Sicht eines ausländischen Investors sind Grundlage dieses Abschnitts. Die Kosten im Zusammenhang mit einem Immobilienerwerb ergänzen dieses Kapitel ebenso, wie die Ausführung über das neue Hypothekengesetz in der Türkei und seine Auswirkungen auf den Immobilienmarkt.

Der Kernpunkt dieser Arbeit wird im fünften Kapitel bearbeitet. Hier werden zunächst die Akteure des türkischen Immobilienmarktes vorgestellt. Die inländische Bevölkerung als Hauptakteur wird unter anderem einer demografischen Analyse unterzogen. Anschließend folgt eine Betrachtung der ausländischen und institutionellen Investoren.

Im weiteren Verlauf dieses Kapitels folgt eine Darstellung der Immobilienstruktur der Türkei. Hierbei werden die Marktaussichten, der Bedarf, sowie die preisliche Entwicklung beschrieben.

Das Kapitel 5 endet mit einem Vergleich zwischen dem spanischen Immobilienmarkt vor seinem Boom in den neunziger Jahren und dem türkischen Immobilienmarkt von heute. Dabei werden zunächst die Rahmendaten für Spanien zusammengefasst, anschließend Analogien zur Türkei herausgearbeitet. Nach einer Analyse der Gründe für den spanischen Immobilienboom werden Rückschlüsse auf die türkische Immobilienentwicklung gezogen.

Schließlich wird diese Arbeit mit einem abschließenden Fazit vervollständigt. Hierbei erfolgt erst eine Zusammenfassung der bisherigen Ergebnisse, anschließend wird für potenzielle Investoren eine Handlungsempfehlung ausgesprochen.

2 Geografie und Infrastruktur der Türkei

Einer Investition in einem fremden Land sollten verschiedene Überlegungen und Analysen vorweggehen, damit Transparenz geschaffen wird, Informationsasymmetrien abgebaut werden und das Risiko von Fehlentscheidungen durch Unwissenheit minimiert werden. Vor allem mit Investitionen in Grundstücke und Immobilien bindet der Anleger sich an das Land und kann das Eigentum nicht später an einen anderen Ort transferieren.

Daher spielt bei kaum einem anderen Investment die Lage eine wichtigere Rolle als bei Immobilieninvestments. Sowohl die geografische Lage als auch die infrastrukturellen Besonderheiten des Landes sollten analysiert und vor einer Entscheidungsfindung in die Überlegungen mit eingeflossen sein.

2.1 Geografische Lage

Die Türkei liegt etwa 2.200 km südöstlich von Deutschland entfernt und die Flugdauer zum Westen der Türkei beträgt drei bis vier Stunden.[6] Mit einer etwa doppelt so großen Fläche wie Deutschland erstreckt sich die Türkei über zwei Kontinente. Während lediglich 3% der 814.578 km² sich auf dem europäischen Kontinent befinden, sind 97% der Landesflächen dem asiatischen Kontinent zuzuordnen. Der europäische Teil des Landes wird auch Thrakien genannt, der asiatische Landesteil hingegen als Anatolien bezeichnet.[7]

Die geografische Unterteilung des Landes erfolgt in sieben Regionen. Zu diesen Regionen zählen:[8]

- Marmararegion

- Schwarzmeerregion

- Mittelmeerregion

- Ägäis (Ägäische Region)

- Zentralanatolien

---

6 Vgl. http://www.tuerkei-urlaub-info.de/anreise/anreise.htm (gem.: Luftlinie Mitteldeutschland - Ankara).
7 Vgl. http://www.ftd.de/politik/europa/1096704952278.html.
8 Vgl. http://www.immobilien-tuerkei24.de/informationen_tuerkei/lage_geographie_tuerkei.html.

- Ostanatolien

- Südostanatolien

Das in Zentralanatolien gelegene Ankara ist die Hauptstadt der Türkei, doch die Pulsader des Landes ist das im Nordwesten gelegene Istanbul. Sie ist die bevölkerungsreichste Stadt, zugleich das wirtschaftliche und kulturelle Zentrum des Landes und führt den europäischen und asiatischen Teil über die Bosporus- Brücke zusammen.[9] Im Ganzen ist die Türkei in 81 Provinzen unterteilt, die jeweils einen von Ankara bestellten Gouverneur haben.[10]

Die Gesamtlänge der Landesgrenzen der Türkei beträgt ca. 9.650 km, wovon etwa 7.200 km vom Meer umgrenzt sind. Denn im Norden der Türkei liegt das Schwarze Meer, im Süden das Mittelmeer und im Westen das Ägäische Meer. Zudem teilt sich die Türkei mit acht Nachbarstaaten seine Landesgrenzen, die eine Länge von ca. 2.650 km ausmachen. Während Georgien, Armenien und Aserbaidschan im Nordosten an die Türkei angrenzen, liegt der Iran im Osten, Irak und Syrien im Süden, sowie Griechenland und Bulgarien im Nordwesten.[11]

Abbildung 1: Übersichtskarte Türkei[12]

2.2 Infrastruktur

Die Infrastruktur eines Immobilienmarktes ist ein entscheidender Faktor für die Bewertung seiner Attraktivität als Investment.[13] Insbesondere bei Immobilieninvesti-

9 Vgl. http://www.ftd.de/politik/europa/1096704952278.html.
10 Vgl. Gottschlich, J., Türkei: Ein Land jenseits der Klischees, S. 41.
11 Vgl. http://www.immobilien-tuerkei24.de/informationen_tuerkei/lage_geographie_tuerkei.html.
12 Quelle: Entnommen aus: http://www.weltkarte.com/europa/landkarten_tuerkei.htm.

tionen sind die Ver- und Entsorgungsstandards des Ortes, sowie dessen Verkehrs-anbindungen und Straßenqualität als Teil der technischen Infrastruktur bedeutsam. Aber auch die soziale Infrastruktur des Ortes spielt mit den öffentlichen Einrichtungen wie Schulen, Ärzten und Krankenhäusern sowie Freizeitanlagen eine wichtige Rolle vor dem Kauf einer Immobilie.[14]

Über die Gesamtfläche der Türkei hinweg ist kein einheitlicher Standard zu erkennen. Regional sind große Unterschiede in der Infrastrukturbeschaffenheit vorhanden. Während im Westen und Süden des Landes, sowie in der Hauptstadt Ankara europäische Standards verbreitet sind, lebt die Bevölkerung in Teilen von Ostanatolien immer noch mit Einschränkungen in der Versorgung mit Strom und Wasser. Auch die Beschaffenheit der Straßen, insbesondere derer die in die Dörfer führen, ist noch von westlichen Beispielen entfernt. So schätzt Wolfram Erhardt, Direktor des Büros der Kreditanstalt für Wiederaufbau (KfW) in Ankara, das etwa 50 Mrd. Euro für die kommunale Infrastruktur benötigt werden, um landesweit EU- Standards bieten zu können.[15]

Bei der Analyse des türkischen Immobilienmarktes werden im Folgenden lediglich jene Regionen näher untersucht, die primär im Fokus des Anlegers stehen und bei denen bereits europäische Standards vorherrschen. Investoren bevorzugen die Regionen um und in Antalya, sowie der Ägäis. Aber auch die Metropole Istanbul ist ein Hauptakteur der Türkei beim Einwerben von Investitionskapital zu Gunsten seiner Immobilienprojekte und Bestandsimmobilien.[16]

Doch gerade Istanbul muss weitere Infrastrukturinvestitionen tätigen. Denn in den türkischen Städten erfolgte in den vergangenen Jahrzehnten die Besiedelung zumeist ohne Bebauungspläne. In Istanbul vergrößerte sich z.B. die bebaute Fläche in den Jahren von 1990 bis 2005 um über 40%.[17] Dagegen lässt sich durch das schnelle Wachstum die Erweiterung des Verkehrs-, Wasser-, Abwasser- und Stromnetzes im notwendigen Umfang kaum sicherstellen. Die Kommunalregierungen versuchen weiterhin, dieses planlose Wachstum einzudämmen und zugleich Strukturen und Ordnung, sowie ein landesweites Verkehrsnetz zu schaffen. Die erforderlichen finanziellen Ressourcen hingegen stellen derzeit das größte Hindernis zur Bewältigung dieses Problems dar.[18] Daher ist ein stärkeres Engagement des Privatsektors zwingend erforderlich, doch auch vorerst kaum wahrscheinlich,

---

13 Vgl. http://www.immobilien-markt-direkt.de/immobilienmarkt.html.
14 Vgl. http://www.allgrund.com/top10/immoinfo/22002/2-2002.htm.
15 Vgl. http://www.gtai.de/DE/Content/__SharedDocs/Anlagen/PDF/Markets-Artikel/2008-01-tuerkei-europa,templateId=raw,property=publicationFile.pdf/2008-01-tuerkei-europa?show=true.
16 Vgl. http://www.immobilien-zeitung.de//htm/news.php3?id=28079&rubrik=1.
17 Vgl. Deutsche Bank Research, Immobilieninvestitionen in der Türkei: Mehr als nur Istanbul, S. 6.
18 Vgl. Deutsche Bank Research, Immobilieninvestitionen in der Türkei: Mehr als nur Istanbul, S. 7.

da sich das Engagement zunächst auf andere Bereiche, wie z.B. den Hochbau konzentriert. Vorbildcharakter hingegen nimmt das Entsorgungsunternehmen Remondis ein. Im Rahmen eines Joint Ventures investierten sie in die Behandlung von Abwasser und bieten ihren Service rund vier Mio. Einwohnern verschiedener Kommunen an.[19]

---

19 Vgl. http://www.gtai.de/DE/Content/__SharedDocs/Anlagen/PDF/Markets-Artikel/2008-01-tuerkei-europa,templateId=raw,property=publicationFile.pdf/2008-01-tuerkei-europa?show=true.

3 Wirtschaftliche Entwicklung der Türkei

Die wirtschaftliche Entwicklung eines Landes ist für die Beurteilung des Investitionslandes von entscheidender Bedeutung. Dieser Abschnitt befasst sich mit der ökonomischen Entwicklung und den Zukunftsaussichten der Türkei, sowie den impulsgebenden, politischen Faktoren.

3.1 Historischer Rückblick und makroökonomisches Umfeld

Die aktuelle Finanzkrise, die ihren Ursprung im amerikanischen Subprime- Markt hat und sich zunächst in eine globale Finanzkrise verwandelte, um schließlich eine große Weltwirtschaftskrise auszulösen, hat viele Länder hart getroffen. Viele Volkswirtschaften befinden sich in Folge dieser Krise in einer Rezession und deshalb rechnet der Internationale Währungsfonds (IWF) mit lediglich 0,5% Wachstum der Weltwirtschaft in 2009. Für Deutschland rechnet der Fonds gar mit einem Einbruch um 2,5%.[20]

Doch die Türkei hatte bereits 2001 eine verheerende Wirtschaftskrise zu überstehen. Ausgelöst durch einen öffentlichen Streit im Frühjahr 2001 zwischen dem damaligen Ministerpräsidenten Bülent Ecevit und dem Präsidenten Ahmet Nejdet Sezer über die Korruption im Lande, verloren die Märkte und das Volk ihr Vertrauen gegenüber der Regierung.[21] Neben der Korruption waren insbesondere Misswirtschaft und ein marodes Bankensystem die wichtigsten Kritikpunkte und schließlich Auslöser der Krise.[22] Im Zuge des Disputs zwischen den beiden Politikern verloren die Aktienmärkte bis zu 18% ihres Wertes an nur einem Tag und über ein Drittel in nur wenigen Tagen. Die bis dahin an wichtige Währungen wie dem US- Dollar und dem Euro gekoppelte Türkische Lira musste aufgrund der Kapitalflucht der Anleger durch die Zentralbank freigegeben werden und wurde somit den Kräften der Devisenmärkte ausgesetzt. Innerhalb eines Tages verlor dadurch die Türkische Lira 27% gegenüber dem US- Dollar und Inflationsraten schnellten auf Werte von über 60%. Kurzfristige Darlehen kosteten zeitweise über 5.000%.[23] Verschuldete Unternehmen mussten aufgrund der unbezahlbaren Schuldzinsen Insolvenz anmelden und trieben Hunderttausende in die Arbeitslosigkeit. Eine

---

20 Vgl. http://www.handelsblatt.com/politik/konjunktur-nachrichten/iwf-rechnet-mit-einbruch-der-weltwirtschaft;2134254.
21 Vgl. http://www.spiegel.de/wirtschaft/0,1518,122601,00.html.
22 Vgl. http://www.spiegel.de/politik/ausland/0,1518,128399,00.html.
23 Vgl. http://www.spiegel.de/wirtschaft/0,1518,119082,00.html.

schwere Rezession mit Werten über 8% war die Folge.[24] Der IWF hat der Türkei in dieser Situation mit einem Staatskredit unter die Arme gegriffen und vor einem möglichen Staatsbankrott gerettet, gleichzeitig im späteren Verlauf als Wächter der Haushaltspolitik und wichtiger Reformen fungiert.

Während heute das Finanzsystem weltweit wankt, der Staat in vielen Ländern eingreifen muss, und große Unternehmen die Reißleine ziehen müssen, hat sich das türkische Bankensystem in der Krise als stabil erwiesen. Da im türkischen Hypothekensystem Subprime-Kredite[25] nicht zulässig sind und das Bankensystem gut reguliert ist, blieben die türkischen Banken von der Krise weitestgehend verschont. Lediglich weniger als ein halbes Prozent der Immobiliendarlehen in der Türkei sind in Zahlungsschwierigkeiten.[26] Die türkischen Bankinstitute wurden im Zuge der Wirtschaftskrise von 2001 neu strukturiert und gekräftigt. Eine Reihe von entscheidenden Strukturreformen wurde in die Wege geleitet, um das System zu verbessern. So wurden beispielsweise viele Institutionen vom Staat übernommen, Fusionen und Übernahmen fanden statt und die Eigenkapitalquote wurde aufgestockt (2007 lag der Durchschnitt bei 18,8%)[27]. Das Kerngeschäft wurde forciert, Risikogeschäfte konnten aufgrund der harten Regularien nur sehr eingeschränkt getätigt werden. Dank dieser Reformen sind türkische Banken nicht direkt von der aktuellen Krise betroffen, sie führt jedoch zu einem Rückgang der Geschäfte, bedingt durch die Abnahme der Anzahl der Kreditvergaben.[28]

Bemerkenswert ist die Entwicklung nach den Reformen, denn viel ausländisches Kapital floss besonders in den Bankensektor und dies erklärt auch die starke Zunahme der Direktinvestitionen der letzten Jahre in der Türkei. In 2007 erreichten die Investitionen ein Rekordniveau von 21,9 Mrd. US- Dollar. Ausländische Investoren halten inzwischen über 40% des Gesamtkapitals im Bankensektor. Die türkische Bankenbranche kann also trotz des aktuell schwierigen Umfeldes weiterhin mit guten Ergebnissen rechnen.[29]

In den vergangenen fünf Jahren vor der Weltwirtschaftskrise hat die Türkei die idealen Rahmenbedingungen durch den Neuaufbau gut genutzt und konnte einen durchschnittlichen Zuwachs des Bruttoinlandproduktes von 6,9% verzeichnen und zugleich einen starken Rückgang der Inflation auf einstellige Werte vermelden. Die zunehmende Integration in den Welthandel spielte dabei ebenso eine wichtige Rolle wie die höher werdende wirtschaftliche Stabilität, sowie die immer weiter

---

24 Vgl. http://www.wsws.org/de/2001/apr2001/tuer-a17.shtml.
25 Kredite an bonitätsschwächere Kunden ohne Hinterlegung ausreichender Sicherheiten.
26 Vgl. Deutsche Bank Research, Immobilieninvestitionen in der Türkei: Mehr als nur Istanbul, S. 4.
27 Vgl. Deutsche Bank Research, Immobilieninvestitionen in der Türkei: Mehr als nur Istanbul, S. 5.
28 Vgl. Turconomics, Türkei- Länderbericht, S.15f.
29 Vgl. Deutsche Bank Research, Immobilieninvestitionen in der Türkei: Mehr als nur Istanbul, S. 5.

voranschreitende Umsetzung von Strukturreformen wie z.B. die Liberalisierung von wichtigen Industriezweigen und des Bankensektors.[30] Doch die Türkei birgt in ihrer wirtschaftlichen und politischen Zusammensetzung auch Gefahren. Sie ist stets für externe und interne Schocks anfällig. So sind die wirtschaftlichen Fundamentaldaten immer noch hinter denen der so genannten BRIC- Länder (Brasilien, Russland, Indien, China). Zudem sind die enorme Abhängigkeit von ausländischem Kapital, der immer wieder auftretende Inflationsdruck und die Risiken einer politischen Unruhe als ständige Begleiterscheinung der Türkei ein Störfeuer für die positive Entwicklung der Wirtschaft. Eine Verschärfung dieser Umstände könnte jederzeit zum Ausbleiben wichtiger, ausländischer Kapitalzuflüsse führen.[31]

Unabhängig von der Entwicklung in der Türkei ist aktuell auch zu beobachten, dass den Investoren aufgrund der globalen Wirtschaftskrise die Mittel ausgegangen sind und daher vermeintlich riskantere Anlagen wie z.B. in die Türkei gegen sichere Staatsanleihen in US- Dollar oder Euro getauscht werden. Also leidet die Türkei hier indirekt an der Krise mit.[32]

3.2 Politisches Umfeld

Die politischen Entwicklungen in der Türkei sind stets mit besonderer Brisanz gefüllt, von ihr ist inländische Stabilität, aber auch wirtschaftliche Beständigkeit abhängig. Doch meist bildet das politische Umfeld eher ein Risiko für die Entwicklung der Türkei. Das überdosierte Machtstreben türkischer Politiker, sowie Korruption anstelle von gemeinnütziger Reformen, die Kurdenthematik, die Ungleichheit zwischen Ost und West, aber insbesondere auch die Rolle des türkischen Militärs bilden regelmäßig Unsicherheiten für außenstehende Beobachter und Investoren. So hat das Militär bereits dreimal mit militärischen Interventionen Einfluss auf die Regierung genommen und bei einem vierten Mal 1997 durch Drohung eines Putsches die Regierung zum Rücktritt bewegt. Für die Demokratie im Lande und Sicherheit der Märkte sind dies keinesfalls unterstützende Maßnahmen.[33]

In der Türkei fanden am 29. März 2009 landesweite Kommunalwahlen statt. Das Ergebnis war folgendes: die regierende Partei für Gerechtigkeit und Aufbau (AKP) des Ministerpräsidenten Erdogan bleibt mit 38,79% an der Spitze und trotz Stimm-

---

30 Vgl. Deutsche Bank Research, Immobilieninvestitionen in der Türkei: Mehr als nur Istanbul, S. 3.
31 Vgl. Deutsche Bank Research, Immobilieninvestitionen in der Türkei: Mehr als nur Istanbul, S. 3.
32 Vgl. Turconomics, Türkei- Länderbericht, S. 7.
33 Vgl. http://www.kas.de/proj/home/pub/44/1/year-2009/dokument_id-15420/index.html.

verlusten behält sie einen eindeutigen Vorsprung gegenüber der Opposition. Die oppositionelle Republikanische Volkspartei (CHP) erreichte bei diesen Wahlen nur 23,13% und 16,05% stimmten für die rechtsorientierte Partei der Nationalen Bewegung (MHP). Die Demokratische Volkspartei (DTP) erhielt 5,67%, während die islamistische Partei der Glückseligkeit (SP) 5,16% der Stimmen bekommen hat.[34] Der Erfolg der AKP kann auf ihre Nähe zum Volk zurückgeführt werden. Allerdings gibt es landesweite Proteste sobald eine Islamisierung sich spürbar macht. Denn das türkische Volk, das zwar an religiöse Werte gebunden ist, toleriert keine radikale Islamisierung. Besonders die offizielle Aufnahme der Beitrittsverhandlungen mit der EU und die Bemühungen, die dafür notwendigen Reformen durchzusetzen, hat die Wählerschaft überzeugt. Außerdem verfolgen Erdogan und seine Partei eine freundliche Kurdenpolitik.[35]

Jedoch sollte hier angemerkt werden, dass die AKP, wie andere Parteien auch, eine eigene „Vetternwirtschaft" aufgebaut hat. Die Opposition hat sich während der Wahlkampagne besonders darauf bezogen, um die Wählerschaft auf solche Ereignisse aufmerksam zu machen. Da das Volk heute kein Vertrauen mehr in die CHP hat, war die Kampagne eher erfolglos. Die von Atatürk gegründete CHP wird als zu „volksfremd" empfunden, da ihre Bestrebungen nicht mit den Wünschen der gläubigen Türken übereinstimmen. Sie ist unreligiös und lehnt sowohl Privatisierungen, ausländische Direktinvestitionen, als auch die EU- Vorgaben ab. Gerade an einem Zeitpunkt, an welchem die Türkei versucht sich in die Weltwirtschaft zu integrieren und ausländische Kapitalflüsse anzulocken, ist die Einstellung der CHP unerwünscht. Die nationalistische MHP ist besonders in Provinzen beliebt, in welchen die kurdische Binnenmigrationsrate hoch ist. Die Kurden, die schätzungsweise 20%, d.h. 10-15 Millionen der Gesamtbevölkerung vertreten, wählen meist die DTP, doch die Religiösen unter ihnen vertrauen der AKP. Die radikale DTP von der behauptet wird, dass sie unter terroristischen Einflüssen steht, gibt den Nationalisten einen guten Vorwand, um Kurden als Separatisten abzustempeln.[36]

Es lässt sich zusammenfassen, dass vier verschiedene politische Lager vorhanden sind, die um die politische Macht kämpfen. Bei einem Vergleich mit dem deutschen Parteisystem ist das Fehlen von sozialdemokratischen, liberalen oder grünen Parteien festzustellen. Die Wahlergebnisse zeigen, dass die AKP, auch wenn sie noch die dominierende Partei ist, jederzeit ihre Popularität und Mehrheit verlieren kann.[37]

---

34 Vgl. Turconomics, Türkei- Wahlen und Wachstum, S. 6.
35 Vgl. Turconomics, Türkei- Wahlen und Wachstum, S. 7.
36 Vgl. Turconomics, Türkei- Wahlen und Wachstum, S. 7.
37 Vgl. Turconomics, Türkei- Wahlen und Wachstum, S. 7.

Die Türkei hat mittlerweile eine wichtige Stellung in der Weltpolitik eingenommen. Dank ihrer geographischen Lage ist die Türkei ein „Schnittpunkt" in verschieden Regionen: Nahost, Kaukasus, Russland, Balkan und Europa.[38]

Aus diesem Grunde wird die türkische Außenpolitik vom türkischen Außenminister Ahmet Davutoglu als „multidimensional" bezeichnet, EU- Beitrittsverhandlungen einerseits und wachsende Zusammenarbeit mit weiteren Regionen andererseits. Besonders im Nahen Osten hat die Türkei ihren Einfluss ausgeweitet, indem sie zum Beispiel die Rolle des Vermittlers bei den Friedensverhandlungen zwischen Israel und Syrien übernommen hat. Das Engagement der türkischen Regierung in anderen Regionen ist jedoch kein Zeichen einer Abwendung vom Westen. Denn der EU- Beitritt ist eines der wichtigsten Ziele der türkischen Außenpolitik. Dies ist auch an den Bemühungen der Regierung zu erkennen, den Reformprozess zu beschleunigen.[39]

Im Oktober 2005 eröffnete die EU offiziell die Beitrittsverhandlungen mit der Türkei. Expertenmeinungen zu Folge ist ein Abschluss der Verhandlungen mit einer endgültigen politischen Entscheidung frühestens in zehn Jahren denkbar. Wesentliche Kritikpunkte sind derzeit noch der Zypern-Konflikt, Korruptionsbekämpfung, institutionelle Reformen und Religionsfreiheit. Zudem versperren sich Deutschland und Frankreich als Schwergewichte der EU bisher kategorisch gegen den EU- Beitritt der Türkei und bevorzugen eine privilegierte Partnerschaft des Beitrittskandidaten. Seit Beginn der Gespräche wurden bereits 10 der 35 Verhandlungskapitel geöffnet und eines (Wissenschaft und Forschung) bereits abgeschlossen.[40]

Festzuhalten gilt, dass eine Aussicht auf die EU- Mitgliedschaft dem türkischen Immobilienmarkt viel Phantasie für Wertsteigerungen bietet und fortschreitende Verhandlungserfolge dem Sektor neue Impulse schenken dürfte. So war zu beobachten, dass beispielsweise nach Aufnahme der Beitrittsverhandlungen über eine EU- Mitgliedschaft Bulgariens im Jahre 1999 und kurz vor Verkündung des Beitritts in die EU 2005 die Immobilienpreise in Bulgarien deutlich gestiegen sind. Obwohl der EU- Beitritt erst für 2007 vorgesehen war, gingen die Preise auch vorab aufgrund von Spekulationen in die Höhe. Von 2003 auf 2004 war ein Preissprung von 80 Prozent zu verzeichnen, im nachfolgenden Jahr immerhin noch von durchschnittlich 36 Prozent.[41]

---

38 Vgl. http://www.tagesspiegel.de/meinung/kommentare/Tuerkei-Ahmet-Davutoglu;art141,2788465.
39 Vgl. http://www.tagesspiegel.de/meinung/kommentare/Tuerkei-Ahmet-Davutoglu;art141,2788465.
40 Vgl. http://www.news.ch/EU+Beitrittsverhandlungen+mit+der+Tuerkei+auf+gutem+
Weg/383057/detail.htm.
41 Vgl. http://www.focus.de/immobilien/kaufen/immobilienmarkt-bulgarien_aid_104913.html.

Ein ähnlicher Effekt ist auch für den türkischen Immobilienmarkt nicht ausgeschlossen, auch wenn hier in den letzten Jahren bereits deutliche Preisanstiege unabhängig von EU- Beitrittsverhandlungen stattgefunden haben.

3.3 Wachstum

Die Türkei gehört zu den noch wenigen Wachstumszentren in der Weltwirtschaft. Die Kennzahlen der türkischen Wirtschaft für die letzten Jahre sind überwiegend positiv: anhaltendes Wachstum, Exportboom, Inflationsabbau und Währungsstabilisierung. Jedoch lässt sich beobachten, dass das 27 Quartale angehaltene stetige Wachstum der türkischen Wirtschaft, im letzten Viertel des Jahres 2008 unterbrochen wurde.[42]

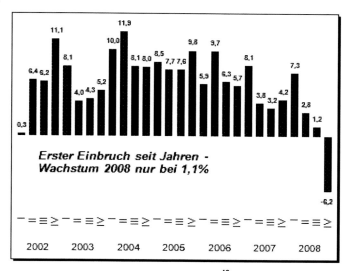

Abbildung 2: Entwicklung BIP Türkei[43]

Die Graphik verdeutlicht den Einbruch, den die türkische Wirtschaft zu bewältigen hat. Die Werte beziehen sich jeweils auf die Veränderung des Bruttoinlandproduktes im Vergleich zum Vorjahr. Dies lässt sich mit den aktuellen wirtschaftlichen Umständen erklären, die zum Beispiel den Export des Landes besonders hart getroffen haben. Der Export bildet einen wichtigen Bestandteil der türkischen Wirtschaft und Aussagen von Experten zufolge soll dieser in 2009 um 35% schrumpfen. So ist auch mit einem Rückgang des BIP zu rechnen, da in vielen Branchen die Produktion rückläufige Entwicklungen zeigt. Im Dezember wurde im Jahresvergleich in der Automobilindustrie ein Rückgang von 52%, in der Mineralöl-

---

42 Vgl. Turconomics, Türkei- Wahlen und Wachstum, S. 3.
43 Quelle: Entnommen aus: http://www.turksheconomist.com/.

branche von 38%, in der Metallbranche von 27% und in der Kunststoffindustrie von 26% festgestellt. Die Fahrzeugindustrie leidet am meisten unter der Rezession, da viele Modelle nur für den internationalen Markt hergestellt werden, welche aber wegen der internationalen Finanzkrise nicht gefragt sind. Der Export türkischer Unternehmen von Waren und Dienstleistungen betrug im September 2008 12,8 Mrd. US- Dollar, dieser Wert rutschte jedoch im Januar 2009 auf nur noch 7,9 Mrd. US- Dollar ab.[44] Hinzu kommt die starke Abnahme von ausländischen Direktinvestitionen welche in 2007 knapp 22 Mrd. US- Dollar betrugen, im Folgejahr jedoch nur noch 14,9 Mrd. US- Dollar. Für 2009 wird gar mit einem Rückgang auf bis zu 10 Mrd. US- Dollar kalkuliert.[45]

Der Bausektor ist ein weiterer wichtiger Bestandteil der türkischen Gesamtkonjunktur. Seit dem 1. Quartal 2008 ist eine negative Entwicklung auch in dieser Branche festzustellen, da in den letzten Jahren, aufgrund der hohen Nachfrage viele Häuser gebaut wurden und heute viele von diesen leer stehen und abgenommen werden müssten, damit weitere Bautätigkeiten in Gang gesetzt werden können.[46]

Trotz dieser konjunkturell bedingten negativen Tendenzen bleibt die Türkei eine kräftige Volkswirtschaft und es wird damit gerechnet, dass sich die Wirtschaft ab dem zweiten Halbjahr des laufenden Jahres erholen wird. Zur Stärkung seiner Wirtschaft hofft die türkische Regierung auf ein Abkommen mit dem IWF über ein Hilfspaket in Höhe von 25 Mrd. US- Dollar.[47]

Im Bezug auf das Wachstum sollte auch festgehalten werden, dass in der Türkei eine klare Kluft zwischen dem Osten und dem Westen besteht. In 2006 erreichte die Türkei beim BIP pro Kopf einen Wert von 30% des Durchschnittswertes der 27 EU- Länder, mit weiter steigenden Tendenzen. Doch während der Nordosten mit Trabzon beispielsweise gerade einmal 30% des landesweiten Durchschnitts aufweisen konnte, lag das Einkommen in Ankara und Istanbul bei 65% bzw. 85% über dem Landesschnitt.[48] Dies wirkt sich letztlich auch auf das Konsumverhalten aus. Untenstehende Graphik verdeutlicht den Wohlstand im Westen des Landes und die Armut im Osten.

44 Vgl. Turconomics, Türkei- Länderbericht, S. 8 .
45 Vgl. http://www.handelsblatt.com/politik/konjunktur-nachrichten/tuerkische-wirtschaft-ruft-nach-dem-waehrungsfonds;2071014;0.
46 Vgl. Turconomics, Türkei- Wahlen und Wachstum, S. 3f.
47 Vgl. http://www.turconomics.com/baseportal/baseportai.pl?htx=/turkisheconomist.de/news &page=1.3&news_kategorie=Analyse&range=0,1&artikel=523.
48 Vgl. Deutsche Bank Research, Immobilieninvestitionen in der Türkei: Mehr als nur Istanbul, S. 10.

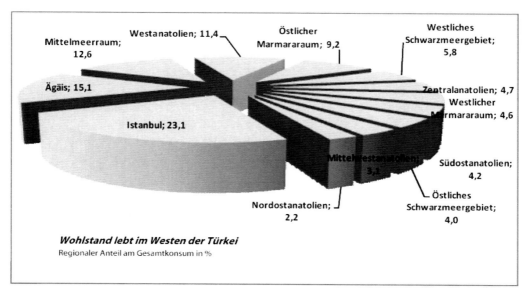

Abbildung 3: Verteilung der Konsumausgaben nach Regionen[49]

Demnach fällt nahezu ein Viertel der Konsumausgaben auf die Region Istanbul, das ist fast so viel wie die Ausgaben in Nordostanatolien, Mittelwestanatolien, Südostanatolien, Zentralanatolien und im gesamten Schwarzmeergebiet zusammen (24%).

Seit den siebziger Jahren bemüht sich die Regierung, den Rückstand des Ostens beizulegen. Deshalb engagierte sich der Staat mit dem Südostanatolien Projekt (GAP) in der Errichtung großer Staudammsysteme im Südosten, welche dieser vernachlässigten Region die Möglichkeit bieten sollen mit Hilfe gestauten Wassers eine exportorientierte Bewässerungslandschaft aus dem Boden zu stampfen. Durch dieses Projekt soll die Dürreregion Südostanatoliens landwirtschaftlich genutzt werden.[50] Doch die erhoffte Reduzierung des Einkommens- Spreads ist noch nicht entscheidend vorangeschritten.

Das nachfolgend aufgeführte Foto zeigt den Atatürk- Damm, das Herzstück des Südanatolien- Projektes und dem sechstgrößten Staudamm der Welt. Der dazugehörige Stausee des 1990 fertig gestellten Damms ermöglichte die Versorgung von 150.000 Hektar verstepptem Land.[51]

---

49 Quelle: Entnommen aus: Turconomics, Türkei- Länderbericht, S. 9.
50 Vgl. https://www.gtai.de/ext/Export-Einzelsicht/DE/Content/__SharedDocs/Links-Einzeldokumente-Datenbanken/fachdokument,templateId=renderPrint/MKT200808198019.pdf.
51 Vgl. http://www.dtsinfo.de/deutsch/p200206/Seite07.htm.

Abbildung 4: Der Atatürk- Damm[52]

Die türkische Wirtschaftspolitik, welche traditionell dem Etatismus[53] und Dirigismus [54]zuzuordnen ist, hat sich mit Hilfe grundlegender Reformen den internationalen Entwicklungen angepasst und seinen Markt zunehmend liberalisiert. Dies ist unter anderem auch auf die EU- Beitrittsperspektive und dem Beistandsabkommen mit dem IWF zurückzuführen. Seit 2001 verfolgt die Regierung eine Austeritätspolitik[55], die vom IWF im Rahmen seines Anpassungsprogramms überwacht wird.[56]

Die EU- Beitrittsverhandlungen, die am 3. Oktober 2005 aufgenommen wurden, spielen eine wichtige Rolle für die türkische Wirtschaft. Denn durch den EU- Beitritt kann die Türkei ihren Handel mit den anderen EU- Ländern weiter ausbauen und von wachsenden europäischen Investitionen profitieren. Außerdem stellt die EU heute den wichtigsten Handelspartner für die Türkei dar und die Türkei steht an sechster Stelle der Handelspartner der EU. Um die Transaktionen zu kräftigen und zu erleichtern, wurden auch institutionelle Rahmen geschaffen wie z.B. die Zollunion, welche seit dem 1. Januar 1996 in Kraft ist. Seit Gründung der Zollunion hat sich der Anteil der 27 EU- Länder am türkischen Außenhandel stetig erhöht. Türkische Exporte in die EU lagen in 2006 bei 44,2 Mrd. Euro während die Importe

---

52 Quelle: Entnommen aus: http://www.dtsinfo.de/deutsch/p200206/Seite07.htm.
53 Eine Politik, bei der dem Staat eine übergeordnete Rolle für die Lösung politischer und sozialer Probleme zugesprochen wird.
54 Eingriffe des Staates zur Steuerung von Preisen und anderen ökonomischen Parametern.
55 Beschreibt eine strenge und sparsame Haushaltspolitik hinsichtlich staatlicher Ausgaben.
56 Vgl. http://www.ayyo.de/ayyoenergie/Deutsch/Tuerkei/Wirtschaft/Wirtschaftspolitik.html.

aus der EU eine Höhe von 50,2 Mrd. Euro erreichten.[57] Beachtlich ist, dass inzwischen mehr als jedes dritte der in der EU verkauften Fernsehgeräte in der Türkei produziert wird. Auch andere Haushaltsgeräte erreichen einen immer größeren Anteil, unabhängig vom Markennamen, der auf dem Produkt steht. Ebenso hat sich die Türkei zu einem wichtigen Produktionsstandort für die Automobilindustrie entwickelt und beheimatet Automobilkonzerne wie Renault, Toyota und Daimler.[58] Damit hat sich die Türkei zu einem ernstzunehmenden Exportland entwickelt, dass nicht nur mit Billig- Textilware Umsätze schreibt.

Deutschland repräsentiert seit langem den wichtigsten Handelspartner der Türkei. Im Jahr 2008 blieb das Handelsvolumen trotz der Finanzkrise konstant bei einer Höhe von 24,8 Mrd. Euro gegenüber dem Vorjahr. Die türkischen Exporte nach Deutschland lagen bei 9,65 Mrd. Euro während die deutschen Exporte in die Türkei 15,14 Mrd. Euro erreichten.[59]

Ein Risikofaktor war für lange Zeit das doppelte Defizit von Staatshaushalt und Zahlungsbilanz, doch diese Probleme scheinen heute auch weniger wichtig. Dank dem Wachstum des Bruttoinlandsprodukts ist es dem Staat in den letzten Jahren gelungen, das Budgetdefizit auf Maastricht- Werte zu reduzieren.[60] Im März 2009 erzielt die Türkei seit fünf Jahren erstmals einen Leistungsbilanz- Überschuss. Dies ist unter anderem dem Anstieg der Devisenreserven, sowie der Abnahme der Handelsbilanz- Defizite und dem Rückfall der Inflationsrate zu verdanken. Im Januar ergab sich in der Leistungsbilanz ein Überschuss von rund 300 Mio. Dollar. Auf Jahresbasis ist das Leistungsbilanz- Defizit damit auf 37 Mrd. US- Dollar zurückgefallen.[61] Der Organisation für wirtschaftliche Zusammenarbeit und Entwicklung (OECD) zufolge belegt die Türkei heute Rang 17 unter den 20 größten Volkswirtschaften und erreichte in 2005 gar die höchste Wachstumsrate unter den OECD- Ländern.[62]

57 Vgl. http://www.atis-austria.com/V2/Deu/Content.asp?atis=25.
58 Vgl. http://www.wiwo.de/politik/tuerkei-erzielt-export-rekord-126106/2/.
59 Vgl. http://www.auswaertiges-amt.de/diplo/de/Laenderinformationen/Tuerkei/Bilateral.html#t4.
60 Vgl. http://berufundchance.fazjob.net/s/Rub0A1169E18C724B0980CCD7215BCFAE4F/Doc~EAC23A
49087F94AEC94449AFA1F7D8A91~ATpl~Ecommon~Scontent.html.
61 Vgl. http://www.turkisheconomist.com/.
62 Vgl. http://www.auswaertiges-amt.de/diplo/de/Laenderinformationen/Tuerkei/Wirtschaft.html.

3.4 Inflation, Währung und Zinsen

Die Türkische Zentralbank hat gewaltige Leitzinssenkungen vorgenommen, um die Auswirkungen der gegenwärtigen Krise zu schwächen. Die Inflation, die lange Zeit ein zentrales Problem der türkischen Wirtschaft war, steht jetzt aufgrund der fallenden Rohölpreise mit 6,13% auf Rekordtief und befürwortet die Leitzinssenkungen. Lange Jahre hatte die türkische Regierung mit hohen Inflationsraten zu kämpfen, so lag beispielsweise die Inflationsrate in 2001 bei 68,5%, in 2002 bei 29,7% und in 2003 bei 18,4%. In 2004 stand die Inflationsrate erstmals nach 30 Jahren auf einstelligem Niveau.[63]

Im aktuellen Zusammenhang sind niedrige Inflationswerte kein Grund zum Jubeln, denn sie deuten auf einen Einbruch der Konjunktur hin. Deshalb sollen die verminderten Leitzinsen die Banken besonders dazu ermutigen, mehr Kredite an Unternehmen und Haushalte zu vergeben und den Konsum, der derzeitig zurückgegangen ist, anzukurbeln.[64]

Gegenwärtig liegt der Leitzinssatz in der Türkei bei 9,25% (Stand Mai 2009) und ist eine Folge von drastischen Zinssenkungen der letzten Monate und Jahre. Allein in den vergangenen sieben Monaten senkte die Türkische Zentralbank (CBT) ihren Tagesgeldeinlagensatz um 750 Basispunkte und erreichte somit erstmals in 2009 einen einstelligen Wert.[65] Die nachfolgende Grafik verdeutlicht die deutlichen Senkungen in den vergangenen sechs Jahren, wobei hier drei Perioden deutlich werden. Die erste Periode ist bestimmt von der Erholungsphase nach der in Kapitel 3.1 beschriebenen, schweren Finanzkrise in der Türkei. Hier kommt es zu deutlichen Zinssenkungen innerhalb eines Jahres von nahezu 2000 Basispunkten. Anschließend folgt eine Zeit der Stabilisierung mit vergleichsweise leichten Zinsbewegungen, sowohl nach oben als auch nach unten. Letztlich wurde, ausgelöst durch die globale Finanzkrise, eine weitere Phase von deutlichen Zinssenkungen eingeläutet, dessen Ende aktuell noch nicht absehbar ist und für weitere Senkungen Raum lässt.

---

63 Vgl. http://www.handelsblatt.com/politik/konjunktur-nachrichten/inflationsrate-der-tuerkei-erstmals-seit-30-jahren-einstellig;744611.
64 Vgl. http://acemaxx-analytics-dispinar.blogspot.com/2009/05/turkei-inflation-auf-rekordtief.html.
65 Vgl. http://acemaxx-analytics-dispinar.blogspot.com/2009/05/turkische-zentralbank-senkt-ihren.html.

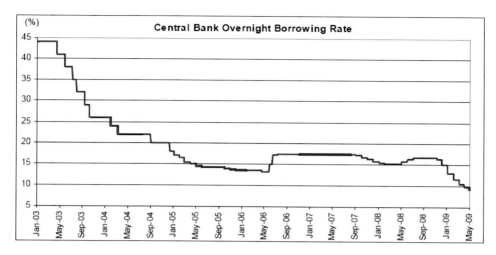

Abbildung 5: Entwicklung des Leitzins der Türkei[66]

Durch diese Zinspolitik der Türkischen Zentralbank wird jedoch die Attraktivität der türkischen Währung, der Türkischen Lira (TL), weitgehend beeinträchtigt, da der Zinsabstand zur Eurozone sowie zu den USA kleiner geworden ist. Schon immer litt die türkische Währung unter einer gewaltigen Inflation. Diese verursachte einen stetigen Wertverlust der Türkischen Lira gegenüber anderen Währungen. Bis 1970 lag der Wertverlust noch bei durchschnittlich 8% im Jahr, aber ab diesem Zeitpunkt stieg dieser Wert noch stärker an. Das Jahr 2004 verzeichnet einen Wendepunkt, da seitdem die Türkische Lira wieder wertvoller geworden ist und ihren Wert auch weiterhin steigert.[67]

Die Türkische Zentralbank plante für 2006 eine Währungsreform aber aufgrund der rückläufigen Inflationsrate wurde die Reform vorgezogen und in 2005 durchgeführt. Am 1. Januar 2005 wurde die „Neue Türkische Lira" (YTL) eingeführt. Eine YTL entsprach somit 1.000.000 alten Türkischen Lira. Die Währungsumstellung hat eine Stabilisierung der Lira gegenüber anderen Währungen bewirkt. Diese Maßnahme dient einerseits der Erfüllung der Ansprüche der EU und andererseits einer psychologischen Stabilisierung der Türkischen Lira, denn die entfallenen sechs Nullen auf den Scheinen sollen das Vertrauen der Bevölkerung in die eigene Währung wiederherstellen. Als letzter Schritt der Währungsreform ist ab dem 1. Januar 2009 erneut die Türkische Lira eingeführt worden, der Zusatz „Neue" ist weggefallen. An dem Wert der Währung hat sich jedoch nichts geändert. Die Neue Türkische Lira,

66 Quelle: Entnommen aus: http://acemaxx-analytics-dispinar.blogspot.com/2009/05/turkische-zentralbank-senkt-ihren.html.
67 Vgl. http://www.finanzinform.de/waehrungen/26/Tuerkische-Lira.html.

welche noch im Umlauf ist, dient ab dem 1. Januar 2010 nicht mehr als Zahlungs-
mittel, kann aber bis 2020 noch bei den Banken umgetauscht werden.

Wie viele andere Währungen auch, litt die Türkische Lira im Zuge der Krise unter
Wertverlust, sodass im März 2009 der US- Dollar bis auf 1,80 TL und der Euro bis
auf 2,30 TL angestiegen sind und die Türkische Zentralbank gezwungen war
einzugreifen, um einen weiteren Wertverlust zu verhindern.[68]

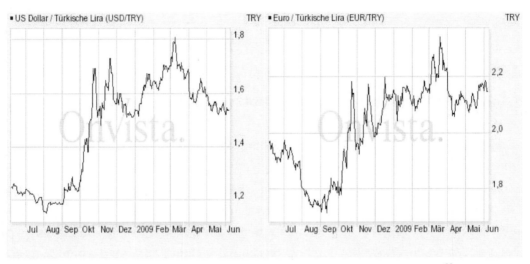

Abbildung 6: Entwicklung des US- Dollar und des Euro zur TL in einem Jahr[69]

Aktuell steht der US- Dollar bei 1,53 TL und der Euro bei 2,14 TL.[70] (Stand
06.06.2009) Somit zeigte das Eingreifen der Zentralbank Wirkung und die Türkische Lira gewann vor allem gegenüber dem US- Dollar knapp 15%.

---

68 Vgl. http://www.turkisheconomist.com/.
69 Quelle: Entnommen aus: http://www.onvista.de, Abruf: 06.06.2009.
70 Vgl. http://waehrungen.onvista.de/.

4 Rahmenbedingungen der Immobilientransaktionen

4.1 Rechtliche Restriktionen

Den rechtlichen Rahmenbedingungen ist besondere Beachtung zu schenken, da diese von den Regelungen in Deutschland abweichen. Zudem hat ein ausländischer Investor weitere Beschränkungen im Bezug auf den Erwerb, die zu berücksichtigen sind.

4.1.1 Abwicklung des Grunderwerbs

Während bekanntlich in Deutschland der Kaufvertrag beim Notar unterzeichnet wird und von dort aus seitens des Notars alle erforderlichen Schritte eingeleitet werden, erfolgt der Eigentumsübertrag in der Türkei ausschließlich beim Grundbuchamt. Ein Kaufvertrag beim Notar ist dort nicht zwingend erforderlich, bildet eher eine Kaufabsichtserklärung. Der Kauf bzw. Verkauf wird vor Ort beim Grundbuchamt nach Abgabe einer gegenseitigen Verpflichtungserklärung vom Grundbuchbeamten öffentlich beurkundet und der Käufer wird mit der späteren Aushändigung des Grundbuchauszugs (= Tapu) zum Eigentümer der Immobilie.[71] Ein Blanko- Tapu mit deutscher Übersetzung der wichtigsten Bestandteile der Urkunde ist dem Anhang dieser Arbeit beigefügt. Dabei fällt auf, dass die Urkunde anders als in Deutschland aus lediglich einer Seite besteht und eine vereinfachte Übersicht bietet, zudem ein Passfoto des Eigentümers als Bestandteil hat.

Diese Urkunde gilt gesetzmäßig als Eigentumsnachweis. Somit können Eigentumsverhältnisse, aber auch Belastungen eines Objekts dem Grundbuchauszug entnommen werden. Sie genießt öffentlichen Glauben.[72]

Dieses zunächst unbürokratisch wirkende Verfahren der Eigentumsübertragung birgt allerdings auch Risiken. Daher sollten folgende Punkte bereits vor Aufsuchen des Grundbuchamtes gegebenenfalls durch einen Anwalt geprüft und geklärt werden:[73]

---

71 Vgl. Prell, B. (2006), S. 134f.
72 Vgl. http://www.immobilien-tuerkei24.de/informationen_tuerkei/immobilienrecht_tuerkei_I.html.
73 Vgl. Haimann, R., Osadnik, S., (2001), S. 230.

- Liegt eine Baugenehmigung vor?

- Liegt eine Nutzungsgenehmigung vor?

- Sind nachträgliche Änderungen am Bauwerk ohne Genehmigung vorgenommen worden?

- Ist im Grundbuch ein Vorkaufsrecht eingetragen?

- Sind im Grundbuch Lasten, Steuerschulden oder Sperren eingetragen?

Denn nachdem das Grundbuchamt nach Umschreibung der Eigentumsverhältnisse das zentrale Grundbuchregister in Ankara informiert, werden dort eingehende Prüfungen hinsichtlich der Einhaltung der Baugenehmigungen und des Nutzungsrechts vorgenommen. Sofern Verstöße aufgedeckt werden, wird der neue Eigentümer dafür haftbar gemacht. Der Verkäufer kann zwar in diesem Fall nachträglich regresspflichtig gemacht werden, jedoch können diese langwährigen Auseinandersetzungen durchaus vorab vermieden werden. Ebenso verhält es sich mit auf dem Objekt lastenden Steuerschulden, die ebenfalls zunächst vom neuen Eigentümer verlangt werden. Daher empfiehlt es sich dringend, den Kaufpreis zunächst auf ein Notar- Anderkonto einzuzahlen und dem Veräußerer solange zu verwehren, bis der erforderliche und „saubere" Bescheid aus der Hauptstadt eintrifft. Daher kann die Aushändigung des „Tapu" Zeiten zwischen zwei Wochen und einem halben Jahr in Anspruch nehmen.[74] Gerade für Ausländer bietet es sich an, jemanden zu beauftragen der den gesamten Kaufprozess verfolgt, wenn man selbst nicht über die gesamte Dauer vor Ort verweilen kann bzw. sich Reisekosten ersparen möchte.

Notare werden folglich nur für die Zahlungsabwicklung eingeschaltet. Sie sind jedoch nicht berechtigt, Kaufhandlungen abzuwickeln.[75]

4.1.2 Investitionsbarrieren für Ausländer

Deutschen Investoren ist es unter Einhaltung bestimmter Einschränkungen erlaubt, Immobilien und Grundstücke in der Türkei zu erwerben. Das Gesetz Nr. 5444 vom 29.12.2005, welches am 06.01.2006 vom Staatspräsidenten unterzeichnet wurde,

---

74 Vgl. Haimann, R., Osadnik, S., (2001), S. 231.
75 Vgl. Prell, B. (2006), S. 134.

bildet hierbei die neue, rechtliche Grundlage für den Erwerb von Immobilien durch Ausländer. Investoren aus Deutschland profitieren dabei vom Gegenseitigkeitsprinzip. Da türkische Staatsbürger das Recht haben, in Deutschland Immobilieneigentum zu erwerben, wird deutschen Staatsbürgern das gleiche Recht in der Türkei eingeräumt.[76]

Jedoch waren für eine bestimmte Zeit einige Einschränkungen zu beachten. Die größtmögliche, ohne Sondergenehmigung zu erwerbende Fläche an Grundeigentum war auf 2,5 Hektar beschränkt. Für Flächen bis zu 30 Hektar war eine gesonderte Genehmigung des Ministerrats notwendig. Dabei durfte die Fläche einer Provinz im Besitz von Ausländern 0,5% der Gesamtfläche nicht übersteigen.[77]

Darüber hinaus waren Restriktionen beim Erwerb durch Ausländer, sofern sich die Fläche oder das Wohneigentum in kleineren Orten oder Dörfern mit weniger als 2.000 Einwohnern befindet. Das so genannte „Dorfgesetz" verhinderte hier den Kauf. Ebenso ausgenommen waren Grundstücke in militärischen Sperrgebieten, sowie an kenntlich gemachten Sicherheitszonen in der Nähe der Landesgrenzen.[78]

Zwischenzeitlich erging im Mai 2008 durch das Katasteramt ein Verkaufsstopp an ausländische Investoren als Reaktion auf ein bürokratisches Versäumnis der türkischen Regierung. Diese wurde Mitte Januar des vergangenen Jahres vom Verfassungsgericht aufgefordert, einen Artikel im neuen Immobiliengesetz mit einer Frist von drei Monaten zu überarbeiten. Diese Überarbeitung blieb jedoch aus. Dieses Vorgehen führte zu großer Verunsicherung bei allen Beteiligten des Marktes. Ausländische Investoren und Touristen waren ebenso enttäuscht, wie Immobilienmakler und verkaufswillige Eigentümer.[79]

Dieser Umstand des Verkaufsstopps hielt allerdings nur wenige Monate an. Am 3. Juli schließlich hat das Türkische Parlament das Gesetz mit den erforderlichen Änderungen verabschiedet und ausländischen Kapitalanlegern das Recht zum Kauf von Immobilien in der Türkei wieder eingeräumt. Das Recht der Ausländer, 0,5% der erschlossenen Gesamtfläche einer Provinz zu erwerben, wurde auf bis zu 10% der Fläche eines Bezirks ausgedehnt. Die Sondergenehmigung des Ministerrats für Flächen bis zu 30 Hektar pro Person wurde dagegen abgeschafft, 2,5 Hektar bilden nun die absolute Obergrenze. Der Erwerb von Eigentum in militärischen Sperr- und Sicherheitszonen, sowie Gebieten, die augrund ihrer Bedeutung für die Bewässerung, Energieproduktion, Landwirtschaft, Bergbau, aber auch

---

76 Vgl. Prell, B. (2006), S. 110.
77 Vgl. http://tuerkei-berater.de/index.php?option=com_content&task=view&id=25&Itemid=32.
78 Vgl. Haimann, R., Osadnik, S., (2001), S. 229.
79 Vgl. http://www.handelsblatt.com/finanzen/immobilien/tuerkei-schockt-auslaendische-investoren;1424417.

wegen ihrer religiösen und kulturellen Besonderheiten oder ihrer besonderen Flora und Fauna ist ausländischen Investoren weiterhin nicht gestattet.[80]

Die Einschränkungen hingegen beim Kauf von Immobilien an Küstengebieten sind durch das Küstengesetz für ausländische Investoren genauso gültig wie für türkische Anleger. Hier gilt es zu beachten, dass jeder der am Meer Bauland erwerben möchte, einen 50- Meter- Streifen landeinwärts unbebaut lassen muss, sowie die nächsten 50 Meter lediglich zur Errichtung von öffentlichen Anlagen nutzen darf. Die gleichen Bestimmungen gelten auch für Binnengewässer.[81]

Ein weiterer Ansatz zum Schutze der Natur zeigt sich durch die strikte Forstpolitik der Türkei, demnach Flächen die mal als Waldgebiet gekennzeichnet wurden, nie mehr anderweitig genutzt werden dürfen. Damit möchte die Regierung der illegalen Gewinnung von Bauland durch Brandstiftungen entgegenwirken.[82]

4.2 Kosten und Steuern

Die Kosten und Steuern, die im Zusammenhang mit einer Immobilie in der Türkei anfallen, werden nachfolgend aufgeführt. An dieser Stelle ist zu erwähnen, dass sich die Gültigkeit der genannten Sätze stets auf die Zeit der Ausarbeitung dieser Arbeit beziehen. Die Aktualität ist fortlaufend zu prüfen, da es in der Türkei zu überdurchschnittlich häufigen Anpassungen in diesem Bereich kommt und insbesondere im Rahmen von Steuersubventionen zur Bekämpfung der Wirtschaftskrise nur kurzfristig gültige Kosten- und Steuersätze entstehen können.

4.2.1 Steuern beim Kauf einer Immobilie/ eines Grundstücks

Auch in der Türkei bringt der Immobilienerwerb neben dem Kaufpreis weitere Kosten mit sich, die teils einmalig anfallen und teilweise jährlich zu entrichten sind. Einmalige Kosten sind zunächst die Grundbuchabgabe i.H.v. 3% des Kaufpreises, welche vergleichbar mit der Grunderwerbssteuer in Deutschland ist, jedoch abweichend hiervon sowohl vom Käufer als auch vom Verkäufer hälftig gezahlt wird.[83]

---

80 Vgl. http://www.sunandhome.de/news1.htm.
81 Vgl. http://www.sueddeutsche.de/immobilien/341/445078/text/5/.
82 Vgl. http://www.sueddeutsche.de/immobilien/341/445078/text/5/.
83 Vgl. http://www.ihk-koeln.de/Navigation/International/Markterschliessung/ TuerkeiLaenderschwerpunkt2003.jsp#ZahlenUndFakten.

Interviews mit ortsansässigen Maklern zu Folge ist dies allerdings eher die Theorie, während in der Praxis gemäß Vereinbarung die vollen 3% vom Käufer getragen werden. Diese Abgabe ist bei der staatlichen Ziraat Bankasi einzuzahlen.

Das die Grundbuchabgabe an den Kaufpreis gekoppelt ist mag zwar selbstverständlich erscheinen, war jedoch lange Zeit anders geregelt. Im Juni 2008 wurde diese Änderung erst vorgenommen. Vor dieser Änderung wurde die Grundbuchabgabe gemessen an den „deklarierten" Verkaufswert der Immobilie entrichtet, welcher jedoch nicht niedriger als der vom Katasteramt ermittelte Wert sein durfte. Der vom Katasteramt ermittelte Wert, welcher auch als Grundlage für die in Kapitel 4.2.2 näher erläuterte Grundsteuer dient, ist oft wesentlich geringer als der tatsächliche Verkehrswert, meist beträgt er nur etwa ein Drittel, teilweise sogar ein Zehntel. Somit war es gängige Praxis den Wert vom Katasteramt als Kaufpreis zu übernehmen, um dadurch bei beiden Parteien Kosten einzusparen.[84] Um zukünftig zu gering deklarierten Kaufpreisen entgegenzuwirken, wird darauf hingewiesen, dass die Ämter bis zu fünf Jahre lang den tatsächlichen Transaktionswert recherchieren können und gegebenenfalls rückwirkend von beiden Vertragsparteien die Differenz der zu niedrig gezahlten Grundbuchabgabe zzgl. eines Strafaufschlags von 25% verlangen können. Zudem sollte jedem Käufer bewusst sein, dass bei einem Wiederverkauf innerhalb der Spekulationsfrist er durch einen zu niedrig angesetzten Kaufpreis ggf. seinen Gewinn höher aussehen lässt als er tatsächlich war und somit zu diesem Zeitpunkt gezwungen wäre, mehr Steuern zu zahlen als ursprünglich erforderlich.[85]

Es ist jedoch festzuhalten, dass durch diese Gesetzesänderung die realen Nebenkosten um etwa das dreifache gestiegen sind. Vertreter der Baubranche und Immobilienverbände fordern daher eine Senkung der Grundbuchabgabe, um den Immobilienmarkt nicht zusätzlich zu belasten. Im Rahmen eines Maßnahmenpaketes zur Stützung der Konjunktur hat die Türkische Regierung am 25.03.2009 beschlossen, zunächst befristet für drei Monate die Grundbuchabgabe auf 0,5% je Vertragspartei zu senken.[86] Eine Verlängerung des Subventionszeitraumes ist denkbar, stand allerdings zur Zeit der Bearbeitung dieses Textes noch nicht fest.

Zu den weiteren Kosten ist zu erwähnen, dass sofern ein Makler für die Vermittlung des Objektes eingeschaltet wurde, hier nochmals zwischen 2% und 4% des

---

84 Vgl. http://www.emlak-konut.com/2008/07/08/gayrimenkul-alacak-ve-satacak-olanlari-ilgilendiren-yeni-yasa-cikti/.
85 Vgl. http://www.emlak-konut.com/2008/07/08/gayrimenkul-alacak-ve-satacak-olanlari-ilgilendiren-yeni-yasa-cikti/.
86 Vgl. http://www.gtai.de/DE/Content/__SharedDocs/Links-Einzeldokumente-Datenbanken/fachdokument.html?fIdent=MKT200904098016&source=DBNL&sourcetype=NL.

Kaufpreises als Courtage sowohl für Käufer als auch Verkäufer anfallen können, oftmals beträgt der Satz wie in Deutschland auch 3%.[87]

Beim Grundbuchamt ist es zwingend erforderlich, die türkische Sprache zu verstehen, um somit die Eigentumsübertragung vornehmen zu können. Daher ist es einem ausländischen Käufer gesetzlich vorgeschrieben, einen vereidigten Dolmetscher zu beauftragen, sofern er selbst der türkischen Sprache nicht mächtig ist. Die Kosten für den Dolmetscher belaufen sich auf ca. 50,- Euro. Die zudem anfallenden, einmaligen Steuern für die Förderung des Bildungswesens (ca. 10,- Euro), die Erdbebensteuer (ca. 15,- Euro) sowie die Dokument- und Schreibgebühren (ca. 15,- Euro) sind ebenfalls zu entrichten.[88]

4.2.2 Besteuerung des Besitzes

Zu den laufenden Kosten eines Grundstücks bzw. einer Immobilie ist zunächst die Grundsteuer zu nennen. Das Immobiliensteuergesetz ist in den Jahren 1998 und 2002 grundlegend überarbeitet worden und unterscheidet nun zwei Steuerarten, die Gebäudesteuer und die Grundsteuer (für das reine Grundstück). Die Höhe dieser jährlich anfallenden Steuer variiert zwischen 0,1% und 0,6% des Katasterwertes und fließt direkt den Gemeinden zu. Der vom Katasteramt vorgegebene Wert wird jährlich neu ermittelt und mitgeteilt. Die Gebäudesteuer beträgt für Wohngebäude 0,1% und für andere Gebäude 0,2%, die Grundsteuer hingegen beträgt für Bauland 0,3% bzw. 0,1% für landwirtschaftlich genutzte Flächen. Alle angegebenen Sätze verdoppeln sich in Großstadtgemeinden und benachbarten Gebieten. Die Steuer ist in zwei Raten zu zahlen und wird zunächst in den Monaten März bis Mai fällig, anschließend im November eines jeden Jahres.[89]

Da nahezu die Hälfte der Türkei als Erdbebengebiet deklariert ist und es in der Vergangenheit zu einigen Unglücken gekommen ist, wurde eine verpflichtende Erdbebenversicherung eingeführt. Die Kosten hierfür sind aufgrund der geringen Versicherungssummen niedrig und betragen jährlich ca. 70,- Euro.[90] In der Praxis empfiehlt es sich eine private Aufstockung der Versicherungssumme vorzunehmen.

Sofern die erworbene Immobilie vermietet wird, sind die Mieteinnahmen zu versteuern. Dabei bildet die Einnahme- Überschuss- Rechnung die Grundlage zur

---

87 Vgl. Prell, B. (2006), S. 136.
88 Vgl. http://www.alanya-tuerkei.de/immo-info.htm.
89 Vgl. http://www.ongoren.av.tr/newsletter/de/08-08.php.
90 Vgl. http://www.sueddeutsche.de/immobilien/341/445078/text/6/.

Ermittlung der Einkünfte. Dem Steuerpflichtigen wird alternativ das Recht eingeräumt, pauschal 25% der Bruttoerträge als Kosten anzusetzen.[91] Für 2008 liegt der Freibetrag für Mieteinnahmen bei 2.400,- TL und muss nicht versteuert werden, darüber hinaus gehende Einkünfte werden mit 20% besteuert.[92]

Durch das Doppelbesteuerungsabkommen zwischen der Europäischen Union und der Türkei vom 16.04.1986 müssen deutsche Investoren ihre Mieteinnahmen aus der Türkei nicht noch zusätzlich in Deutschland versteuern. Es gilt jedoch der Progressionsvorbehalt. Demnach werden bei der Berechnung des Steuersatzes die Mieteinnahmen zum übrigen Einkommen hinzuaddiert und erhöhen ggf. die Steuerprogression für das Gesamteinkommen.[93]

4.2.3 Steuern bei der Veräußerung

Die einst erworbene Immobilie in der Türkei kann jederzeit ohne Einschränkungen wieder verkauft und der Erlös ins Ausland rücktransferiert werden.[94] Neben den ebenfalls beim Kauf anfallenden Kosten von 1,5% als Grundbuchabgabe und einer evtl. Maklercourtage fällt lediglich eine etwaige Spekulationssteuer für den Verkäufer an. Der in der Türkei als „Wertzuwachsgewinn" beschriebene Erlös muss bei der Einkommensteuer angegeben werden, sofern die Immobilie innerhalb von vier Jahren weiterverkauft wird. In diesem Fall kann je nach Höhe der Spitzensteuersatz der Türkei von 35% zum Tragen kommen.[95] Veräußerungsgewinne nach dieser Vierjahresfrist bleiben hingegen steuerfrei.

Derzeit wird in der Türkei über eine zehnjährige Frist mit linearer Reduzierung der Steuerlast debattiert, wonach bei einem Verkauf nach dem ersten Jahr der Gewinn zu 90% besteuert werden muss, beim Verkauf nach neun Jahren beispielsweise jedoch nur mit 10% des Ertrages. Doch bisher sind die Vorschläge nicht konkretisiert worden und es bleibt abzuwarten, wann eine derartige Regelung eingeführt wird.

An dieser Stelle ist auch auf die Berechnung des Wertzuwachses näher einzugehen. Denn wie bereits erwähnt, sind insbesondere in der Vergangenheit die Transaktionssummen nicht wahrheitsgemäß deklariert worden, somit ist der Wertzuwachs nicht eindeutig zu bestimmen. In diesen Fällen ermittelt das Finanz-

---

91 Vgl. http://www.prima-alanya.de/1recht_steuern_erben.html.
92 Vgl. http://www.ongoren.av.tr/newsletter/de/08-08.php.
93 Vgl. http://www.prima-alanya.de/1recht_steuern_erben.html.
94 Vgl. Prell, B. (2006), S. 141.
95 Vgl. http://www.ongoren.av.tr/newsletter/de/08-08.php.

amt den Wertzuwachs anhand der fortlaufend neu ermittelten Werte vom Katasteramt, welche auch als Grundlage für die Ermittlung der Grundsteuer dienen.[96]

4.3 Finanzielle Rahmenbedingungen

Lange Jahre war die Eigenheimfinanzierung in der Türkei nur aus eigenen Erspar-
nissen und durch Leihgaben von Freunden und Verwandten denkbar. Die Aufnahme von Bankkrediten war aufgrund der hohen Zinsen und der kurzen Laufzeiten
kaum vorstellbar und realisierbar. Der durchschnittliche Baufinanzierungszins in
2003 lag beispielsweise bei 3,9% pro Monat.[97] Erst nach Überwindung der Finanzkrise des Jahres 2001, als im Zuge der Konjunkturerholung die Zinsen und Inflationsraten rückläufig wurden, entstand 2004 mit Bankkrediten eine Alternative zur
traditionellen Eigenheimfinanzierung. Doch diese, vorrangig den höheren Einkom-
mensschichten angebotene Alternative konnte von der breiten Bevölkerungsmasse
nicht genutzt werden.[98]

Das Hauptproblem in der Türkei war das Fehlen von langfristigen Refinanzie-
rungsmöglichkeiten innerhalb des eigenen Landes. Die durchschnittliche Laufzeit
von Spareinlagen beträgt dort gerade einmal 12 Monate und dadurch ist die
Vergabe von langfristigen Darlehen für die Banken nicht ohne weiteres möglich.
Daher war als Refinanzierungsalternative eine gesetzliche Grundlage zur Vergabe
von Pfandbriefen unabdingbar. Dadurch entsteht für Banken die Möglichkeit, sich
mit den Sicherheiten der Hypotheken langfristig Geld am Kapitalmarkt zu beschaf-
fen und diese als langfristige Hypothekendarlehen an Eigenheimer weiterzugeben.
Die Türkei wäre damit zudem das erste Schwellenland mit einem Gesetz für
pfandbriefartige Wertpapiere. Doch der instabile Kapitalmarkt war über Jahrzehnte
das größte Hindernis für die Einführung eines solchen Gesetzes.[99]

4.3.1 Einführung und Funktionsweise von Mortgage

Schließlich wurde im März 2007 die Grundlage für ein stabiles Hypothekenkredit-
system mit der Einführung von Mortgage, dem türkischen Hypothekengesetz

---

96 Vgl. http://www.ongoren.av.tr/newsletter/de/08-08.php.
97 Vgl. http://www.dener.eu/kueche/restaurant/index.html.
98 Vgl. Deutsche Bank Research, Immobilieninvestitionen in der Türkei: Mehr als nur Istanbul, S. 21.
99 Vgl. http://www.ftd.de/boersen_maerkte/geldanlage/158572.html.

geschaffen. Hypothekenbanken wurden somit auf dem Markt zugelassen und ein gesetzlicher Rahmen für die Verbriefung von Immobilienkrediten auf einem Sekundärmarkt geschaffen. Während die Banken in Zeiten vor dem Gesetz die Hypotheken mit kurzfristigen Einlagen, Swaps und Eigenkapital refinanzierten und die dadurch entstandenen Zins- und Laufzeitinkongruenzen an ihre Kunden weitergaben, erhielten sie nun die Möglichkeit auch bedingt durch die Konkurrenz mit den Hypothekenbanken interessantere Produkte und Konditionen anzubieten.[100]

Die aktuellen Konditionen für zehnjährige Hypothekendarlehen liegen in der Türkei bei 1,27 - 1,47% p.m., Tendenz fallend.[101] Im Vergleich zum deutschen Markt sind diese Konditionen weiterhin teuer, doch angesichts der zuvor herrschenden Bedingungen sicherlich weitaus preisgünstiger. Doch vor allem die Möglichkeit, nun die Finanzierung auf bis zu 30 Jahre (in der Angebotspalette der Banken bisher noch auf 20 Jahre beschränkt) zu strecken, macht den Eigentumserwerb für viele Interessenten bezahlbarer.

„Sinkende Realzinsen und der steigende Wohlstand der privaten Haushalte haben den Weg für eine zunehmende Nachfrage nach Immobilienfinanzierungsprodukten geebnet",[102] lautete die Prognose der Deutsche Bank Research bei ihrer Analyse des Türkischen Immobilienmarktes. Das Hypothekenkreditvolumen wies in den vergangenen Jahren eine durchschnittliche, jährliche Wachstumsrate von nahezu 200% auf und schaffte für das Privatkundengeschäft der türkischen Banken einen wichtigen Impuls. Doch dies macht lediglich einen Anteil von 4% am Bruttoinlandsprodukt aus und ist im europäischen Vergleich sehr niedrig. Während vergleichbare Schwellenländer hier einen Wert von 10- 15% aufweisen können, liegt der Anteil in den EU- Ländern bei 43% und in ausgereiften Industrieländern gar bei bis zu 90%. Dieser Wert der Türkei ist ein Indikator für das beachtliche Wachstumspotenzial des Marktes. Der Verband der Immobilieninvestitionsgesellschaften (GYODER) rechnet bis 2015 mit einem Anstieg auf bis zu 15% des BIP.[103]

4.3.2 Auswirkungen auf den Immobilienmarkt

Ebenso kalkuliert GYODER im Zuge des neuen Hypothekengesetzes mit einer großen Nachfrage ausländischer Immobilienfonds für den türkischen Immobilienmarkt. Laut dem Verband bedarf es in den kommenden zehn Jahren sogar sieben

---

100 Vgl. Deutsche Bank Research, Immobilieninvestitionen in der Türkei: Mehr als nur Istanbul, S. 21f.
101 Vgl. http://www.konutkredileri.com/content/view/260/96/. (Stand: 04. Juli 2009)
102 Deutsche Bank Research, Immobilieninvestitionen in der Türkei: Mehr als nur Istanbul, S. 22.
103 Vgl. Deutsche Bank Research, Immobilieninvestitionen in der Türkei: Mehr als nur Istanbul, S. 22.

Mio. neuer Wohnungen in der Türkei, wofür etwa 80 Mrd. US- Dollar Kreditmittel benötigt werden. Davon werden der Türkei voraussichtlich ein Viertel über Investitionen ausländischer Immobilienfonds zufließen. Während rund die Hälfte des Wohnraums auf das natürliche Bevölkerungswachstum zurückzuführen ist, ist der innerländischen Migration, dem Erneuerungsbedarf der Immobilien und den Städtesanierungsplänen der übrige Bedarf zuzuordnen.[104]

Es liegt auf der Hand, dass sich nun durch die Möglichkeit einer Hypothekenfinanzierung ein nicht unbedeutender, weiterer Teil der Bevölkerung ein Eigenheim leisten kann und sich somit die Zielgruppe für den Kauf von Immobilien vergrößert hat. Dieser Umstand sollte sich positiv auf den Immobilienmarkt auswirken und die Preise für insbesondere jene Objekte, die für die Mittelschicht konzipiert sind, in die Höhe treiben lassen.

Ebenso haben nun auch ausländische Privatinvestoren die Möglichkeit, sich beispielsweise den Zweitwohnsitz in der Türkei, wenn auch zu höheren Zinsen als in Deutschland üblich, langfristig zu finanzieren. Dies ist in Deutschland ohne inländische Sicherheiten (unbelastete Immobilien) kaum möglich und daher war der Erwerb einer Auslandsimmobilie vorwiegend Investoren mit genügend Barmitteln vorbehalten. Nun gibt es beispielsweise mit der DD Mortgage eine Hypothekenbank in der Türkei, die als Joint Venture der Deutschen Bank und der Dogan Group, einem der größten Holdings der Türkei entstanden ist und auch ausländischen Investoren langfristige Hypothekendarlehen anbietet.[105]

Eine Subprime- Krise ist in der Türkei nicht zu erwarten, da diese Kredite im türkischen Hypothekensystem nicht zulässig sind und das Bankensystem, wie zuvor erwähnt gut reguliert ist. Lediglich weniger als 0,5% aller Immobilienfinanzierungen in der Türkei sind notleidend.[106]

---

104 Vgl. http://www.gtai.de/fdb-SE,MKT200706228001,Google.html.
105 Vgl. http://www.ddm.com.tr/Pages/en-us/Fullhtml.aspx?PageId=4.
106 Vgl. Deutsche Bank Research, Immobilieninvestitionen in der Türkei: Mehr als nur Istanbul, S. 4.

5 Immobilienmarkt

Im Folgenden Abschnitt wird der türkische Immobilienmarkt mit seinen Akteuren und Objekten näher analysiert und bewertet.

5.1 Akteure

Sowohl die eigentliche Bevölkerung der Türkei als auch die Besucher des Landes bilden neben den institutionellen Anlegern die Marktteilnehmer im Immobiliensegment. Dabei zählen zu den Besuchern des Landes und somit zu den potentiellen Marktteilnehmern sowohl die ca. 31 Mio. Touristen und Geschäftsleute (2008),[107] als auch die im Ausland lebenden ca. 3 Mio. Türken,[108] die regelmäßig ihr Heimatland besuchen.

5.1.1 Inländische Akteure

Zunächst gilt es, die inländischen Akteure und zugleich Hauptpersonen des türkischen Immobilienmarktes besser kennen zu lernen. Eine Marktumfrage wird dabei helfen, das Anlageverhalten und die Wünsche der türkischen Bevölkerung herauszufinden. Zudem wird in diesem Kapitel auf die Eigentums- und Besitzverhältnisse, sowie auf die demografische Entwicklung des Landes eingegangen. Diese Entwicklung ist für die Bestimmung des erforderlichen Wohnraums und schließlich auch für die Einschätzung eines Marktpotenzials von besonders großer Relevanz. Außerdem werden die durchschnittliche Haushaltsgröße und der dazugehörige zukünftige Trend in diesem Kapitel thematisiert und auch die bedeutende innerländische Migration im Lande angesprochen.

---

107 Vgl. http://www.tuik.gov.tr/PreHaberBultenleri.do?id=3993.
108 Vgl. http://www.tcviyana.at/v1/0_PUBLIC/DEU/50_b_02.asp.

5.1.1.1 Eigentümerstruktur

Etwa 43% der Privathaushalte in Deutschland leben im selbstgenutzten Haus- und Wohneigentum.[109] Hingegen bewohnen in der Türkei vergleichsweise ca. 70% der Menschen ihre eigene Immobilie. Dieser enorme Unterschied sollte allerdings nicht verwundern. Der Stellenwert einer Immobilie ist in der Türkei sehr hoch, da es sich als Vermögensanlage in den Jahren sehr hoher Inflationsraten als werthaltig erwiesen hat. Zudem wird der Erwerb des Wohneigentums traditionell mit Unterstützung der gesamten Familie finanziert. Alleingänger gibt es selten, durch den Zusammenhalt bekommen finanziell vermeintlich schwächere Familien auch die Gelegenheit des Immobilienerwerbs. Somit werden Synergien und Mittel geschaffen, die alleine nur Wenige bewältigen können.[110]

Zwei junge Studien belegen den hohen Stellenwert der Immobilie für die Türken. Die Kreditkartengesellschaft MasterCard führt bereits seit zehn Jahren eine halbjährliche Umfrage unter ihren Kunden in der Türkei durch, welche ihr Konsum- und Anlageverhalten analysieren soll. Eine Tendenz hat sich auch in der aktuellsten Umfrage aus dem Januar 2009 unverändert gezeigt und ist somit seit zehn Jahren an oberster Stelle. Denn bei der Frage nach der Verwendung eines frei zur Verfügung stehenden Kapitals von 40.000,- TL entschied sich die Mehrheit für den Erwerb einer Immobilie. 33% der Befragten sehen diese Investition an erster Stelle. Weitere populäre Antworten waren dabei Tilgung von Schulden (22%), Investitionen in Bildung (17%), Gesundheit (16%) und der Erwerb eines Autos (15%).[111]

Eine weitere Studie erfragt bei Anlegern die Anlageform, die sie in den kommenden 12 Monaten präferieren, insbesondere in der aktuellen Krisenzeit. Auch hier ist das Ergebnis eindeutig. Die Immobilie liegt mit 38% auf dem vordersten Platz, gefolgt von Bankeinlagen mit 28% und Devisen mit 14%. Die Aktie wird aktuell hingegen nur von etwa 10% der Anleger bevorzugt.[112]

Hingegen gibt es auch Faktoren, welche die Statistik der Eigentumsquote von 70% zwar hoch erscheinen lassen, in der Realität jedoch kein europäisches Qualitätsstandard der Immobilien zur Grundlage haben.

Gecekondu bedeutet „in einer Nacht errichtet" und beschreibt das Bild der Außenbezirke von Großstädten, wo sich vermehrt die ärmere Bevölkerung ansiedelt. Beruhend auf einer Tradition aus Zeiten des Osmanischen Reiches, wonach jeder der über Nacht auf einem freien Grundstück ein Haus mit einem Dach bauen

---

109 Vgl. http://www.destatis.de/jetspeed/portal/cms/Sites/destatis/Internet/DE/Presse/pm/2009/03/ PD09__084__63211.psml.
110 Vgl. Deutsche Bank Research, Immobilieninvestitionen in der Türkei: Mehr als nur Istanbul, S. 19.
111 Vgl. http://www.webdolusu.com/2009/03/mastercard-arastirma-raporu/.
112 Vgl. http://www.arkitera.com/h37510-turkler-krizde-en-iyi-yatirim-olarak-gayrimenkulu-goruyor.html.

konnte, dieses Land dann auch behalten durfte, bauten die zumeist mittellosen Aussiedler aus den Dörfern eben solche Häuser in den Randbezirken der Großstädte. Es wurde dadurch zu ihrem Eigentum. Diese Vorgehensweise ist zwar nicht legal, wurde jedoch seitens der Regierung lange geduldet.[113]

Diese zunächst provisorisch errichteten Häuser werden zwar nach und nach mit Hilfe von Freunden und Nachbarn wohntauglicher gestaltet, doch sind diese ohne Genehmigung erbauten Häuser weder legal, noch aufgrund der vorherrschenden starken Erdbebengefahr in der Türkei sicher und zeigen einmal mehr, wie stark der Bedarf an qualitativ hochwertigen Wohnraum für die Zukunft sein wird.

Auf dem nachfolgenden Foto ist eine im Randbezirk von Ankara ohne Bebauungsplan entstandene Wohnsiedlung zu sehen. Die Häuser in diesen Siedlungen entsprechen keinem europäischen Standard und sind mit einfachen Mitteln entstanden.

Abbildung 7: Eine Gecekondu- Siedlung in Ankara[114]

Die Stadtverwaltung Istanbuls hat inzwischen umfangreiche Pläne zum Abriss und zur Erneuerung dieser Siedlungen angekündigt. Dies ist erforderlich um die fehlende Erdbebensicherheit wieder herzustellen und zugleich das Stadtbild zu verschönern. TOKI, der staatliche Wohnungsbaufonds kündigte bereits an, dass bis 2011 die Erneuerungen beginnen sollen. Zu bedenken sei, dass etwa die Hälfte der drei Mio. Wohneinheiten in Istanbul illegal entstanden ist und etwa 60% aufgrund ihrer Bausubstanz ersetzt werden müssten. Ungeklärt ist bisher, wie die Entschädigung für die Bewohner und Eigentümer der betroffenen Immobilien aussehen wird. Innerhalb einer Frist von 10 bis 15 Jahren sollen den Betroffenen Ersatzwohnungen oder finanzielle Entschädigungen angeboten werden.[115]

---

113 Vgl. http://www.3sat.de/3sat.php?http://www.3sat.de/hitec/magazin/115339/index.html.
114 Quelle: Entnommen aus: http://www.torokorszag-turkiye.hu/trip1/imagepages/image59.html.
115 Vgl. http://www.getjobs.net/index.php?path=gj_eu&arc=679.

In der Türkei werden drei Arten von Anlegern in Wohnimmobilien unterscheiden. Diese sind die privaten Anleger, die Baugenossenschaften und die öffentlichen Körperschaften. Während der bereits ohnehin sehr hohe Anteil der privaten Anleger in dieser Statistik weiter steigt, ist in den vergangenen Jahren ein Rückgang der Tätigkeiten der Baugenossenschaften zugunsten der noch sehr gering vertretenen öffentlichen Körperschaften zu beobachten.[116]

Lediglich 9% der Familien leben in Wohnungen mit einer geringeren Wohnfläche als 60 m², während ca. 70% eine Mindestgröße von über 80 m² bewohnen.[117] Dies sollte nicht verwundern, da auch die Haushaltsgrößen in der Türkei entsprechend über dem europäischen Niveau liegen, wie im späteren Kapitel 5.1.1.4 noch näher beschrieben wird.

5.1.1.2 Demografische Entwicklung

Die demografische Entwicklung eines Landes ist von großer Bedeutung, wenn ein langfristiges Investment beabsichtigt wird. Die erworbene Immobilie muss schließlich bewohnt werden und eine Miete und Rendite erzielen, sofern keine Eigennutzung geplant ist. Da bekanntlich Angebot und Nachfrage den Preis einer Immobilie, und somit auch gewissermaßen den Ertrag für den Eigentümer bestimmen, ist der Nachfrageseite in Form von neuen Haushalten und wachsender Bevölkerung besondere Beachtung zu schenken.

Ende 2007 wurde in der Türkei eine Einwohnerzahl von rund 70,6 Mio. ermittelt, von denen 70,5% in den Städten und 29,5% auf dem Land leben. Die fünf bevölkerungsreichsten Städte der Türkei sind Istanbul (12,6 Mio.), Ankara (4,5 Mio.), Izmir (3,7 Mio.), Bursa (2,4 Mio.) und Adana (2 Mio.).

Beachtlich dabei ist der Altersdurchschnitt der Bevölkerung. Das Durchschnittsalter beträgt 28,3 Jahre und die arbeitsfähige Altersgruppe (15-64 Jahren) wird mit 66,5% der Gesamtbevölkerung angegeben. Der Anteil der Bevölkerung von 0-14 Jahren beträgt 26,4% und der Anteil der Personen ab 65 beträgt gerade einmal 7,1%.[118]

Zum Vergleich: Das Durchschnittsalter in Deutschland beträgt 42 Jahre.[119]

---

116 Vgl. Deutsche Bank Research, Immobilieninvestitionen in der Türkei: Mehr als nur Istanbul, S. 18.
117 Vgl. Akkaya, C., Özbek, Y., Sen, F. (1998), S. 223.
118 Vgl. http://www.tcviyana.at/v1/0_PUBLIC/DEU/50_b_02.asp.
119 Vgl. http://www.welt.de/print-welt/article186076/Kinder_Kinder.html.

Die Gesamtbevölkerung wird Schätzungen zu Folge in den kommenden Jahrzehnten weiter kräftig steigen, wenn auch mit geringeren Wachstumsraten. Derzeit beträgt das Bevölkerungswachstum 1,3%.[120] Die Geburtenhäufigkeit liegt bei 2,2 Kindern pro Frau, während im Vergleich der Durchschnitt bei den 25 EU-Ländern bei 1,5 Kindern liegt. Bedingt dadurch, dass momentan über 53% der Einwohner jünger als 30 Jahre alt sind, ist mit einem stetigen Anstieg der arbeitsfähigen Bevölkerung zu rechnen.[121] „Diese demografischen Trends dürften sich spürbar auf die Nachfrage nach Wohnungen sowie nach Gewerbeimmobilien auswirken."[122]

5.1.1.3 Migration innerhalb der Türkei

Das Wachstum und die Migration zwischen verschiedenen Regionen waren und sind ausschlaggebend für die Dynamik der türkischen Immobilienmärkte. Zwischen 1995 und 2000 zogen knapp fünf Mio. Menschen innerhalb der Türkei um. Zumeist verlassen sie aus sozioökonomischen Gründen ihre Dörfer in Ostanatolien und ziehen entweder in die nächst größere Stadt oder gänzlich weg in die Ballungsgebiete im Westen der Türkei. Dadurch schreitet die Verstädterung schnell voran. Auch für die kommenden Jahre ist dieser Trend deutlich zu erkennen. In den kommenden zwanzig Jahren ist allein in den Städten Antalya, Bursa und Istanbul eine Zunahme der Einwohnerzahl um über 30% zu erwarten.[123]

Daraus ergibt sich der Bedarf an neuem Wohnraum und erhöht die Nachfrageseite in den Großstädten. Der zudem um 1,3% wachsenden Bevölkerung der Türkei genügend Wohnraum bieten zu können, müssen in den kommenden Jahren schätzungsweise eine Million neue Wohnungen gebaut werden.[124] Eine Abschwächung der innerländischen Migration, wie sie für die kommenden Jahre prognostiziert wird, ändert nichts an diesem Bedarf. Diese Abschwächung ist im Übrigen an die Verringerung der regionalen Differenzen zurückzuführen. Das Einkommensgefälle zwischen West und Ost wird weiter sinken, Projekte wie das zuvor in Kapitel 3.3 beschriebene GAP bietet den Bewohnern der Osttürkei eine Perspektive. Dagegen sind die steigenden Lebenshaltungskosten einer Metropole, sowie

---

120 Vgl. http://www.gtai.de/fdb-SE,MKT200706228001,Google.html.
121 Vgl. Deutsche Bank Research, Immobilieninvestitionen in der Türkei: Mehr als nur Istanbul, S. 8.
122 Deutsche Bank Research, Immobilieninvestitionen in der Türkei: Mehr als nur Istanbul, S. 8.
123 Vgl. Deutsche Bank Research, Immobilieninvestitionen in der Türkei: Mehr als nur Istanbul, S. 8 f.
124 Vgl. http://gte.business-on.de/immobilienmarkt-in-deutschland-und-der-tuerkei-widersetzt-sich-internationalem-abwaertstrend_id238.html.

dessen Verkehrsprobleme massive Nachteile.[125] Daher verlieren die bisher noch lukrativen Standorte demnächst an rationaler Attraktivität.

5.1.1.4 Haushaltsgröße

Der künftige Bedarf an Wohnraum lässt sich nicht allein mit dem Bevölkerungswachstum erklären, sondern hängt auch vor allem davon ab, wie sich die Zahl der privaten Haushalte entwickelt. Während in Westeuropa durchschnittlich 2,5 Personen einen Haushalt bilden, sind in der Türkei die Haushalte mit 4,5 Personen (2000) relativ groß. Dabei lag diese Zahl vor vierzig Jahren noch im Durchschnitt bei 5,7 Personen.[126]

Zurückzuführen ist diese Entwicklung auf Veränderungen in der Bevölkerung in Bezug auf deren traditionelle Vorstellungen hinsichtlich Kinderreichtum und Familiengründung. Im Westen des Landes ist dieser Trend deutlicher zu erkennen, als im Osten.

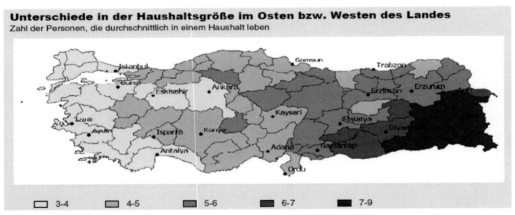

Abbildung 8: Regionale Unterschiede in der Haushaltsgröße in der Türkei[127]

Der Grafik ist deutlich zu entnehmen, dass vorwiegend in Südostanatolien die Haushaltsgrößen weit über dem Durchschnitt liegen und sich dort mehrköpfige Familien einen Wohnraum teilen. Es ist oft zu beobachten, dass hier bis zu drei Generationen zusammen leben. Im Westen des Landes wiederum sind kleinere Haushalte auf europäischem Niveau verbreitet, sofern die finanziellen Mittel eine Trennung des Haushaltes zulassen.

---

125 Vgl. Deutsche Bank Research, Immobilieninvestitionen in der Türkei: Mehr als nur Istanbul, S. 16.
126 Vgl. Deutsche Bank Research, Immobilieninvestitionen in der Türkei: Mehr als nur Istanbul, S. 16.
127 Quelle: Entnommen aus: Deutsche Bank Research, Immobilieninvestitionen in der Türkei: Mehr als nur Istanbul, S. 16.

Ebenso stieg in den vergangenen Jahren die Anzahl der Singlehaushalte. Diese Veränderung ist ebenfalls vorwiegend in den westlichen Großstädten wie Izmir und Istanbul zu beobachten. Dieser Trend zu immer kleineren Haushalten wird in einer 38 Länder umfassenden Studie bestätigt. Demnach rechnen die Verfasser der Studie bis 2027 mit einem weiteren Rückgang der durchschnittlichen Personenzahl in einem türkischen Haushalt, nämlich auf bis zu 3,8 Personen. Diese Kennzahl für die weite Zukunft wäre immer noch größer als die aktuelle Zahl für westeuropäische Länder.[128]

Steigt also auf der einen Seite die Einwohnerzahl, während wiederum die durchschnittliche Haushaltsgröße sinkt, ist ein Wachstum bei der Anzahl der Haushalte unumgänglich. Diese Haushalte spiegeln schließlich später auf dem Immobilienmarkt die Nachfrageseite wider.

5.1.2 Ausländische Investoren

Ein immer mehr an Bedeutung gewinnender Akteur, insbesondere für den westlichen Immobilienmarkt der Türkei sind die ausländischen Investoren.

Allein in 2007 lag die Engagementhöhe der ausländischen Investoren für türkische Immobilien bei rund 3 Mrd. US- Dollar. In den letzten fünf Jahren wurden etwa 40.000 Ferienhäuser und Wohnungen von Ausländern erworben, vorwiegend in den Touristikgebieten von Antalya und Mugla. Das ist nahezu doppelt so viel wie in den 80 Jahren zuvor.[129]

Von den insgesamt ca. 75.000 Immobilien in ausländischem Eigentum sind etwa 21.600 und somit die Mehrheit deutschen Investoren zuzuordnen. Die Engländer liegen mit etwa 17.100 Objekten auf dem zweiten Platz, und dahinter stehen die Griechen[130] mit ca. 10.000 Objekten.[131]

Auffällig ist die regionale Verteilung der Nationen. Während sich die Briten überwiegend an der Ägäis ansiedeln, zieht es die Deutschen eher in Richtung Mittelmeer. Mugla, die beliebteste Provinz der Ägäis, zu der die Küstenstädte wie

---

128 Vgl. Deutsche Bank Research, Immobilieninvestitionen in der Türkei: Mehr als nur Istanbul, S. 16.
129 Vgl. http://www.handelsblatt.com/finanzen/immobilien/tuerkei-schockt-auslaendische-investoren;1424417.
130 Hierbei handelt es sich überwiegend um Griechen türkischer Abstammung
131 Vgl. http://www.tkgm.gov.tr/yabancilar/default.aspx.

Bodrum und Marmaris gehören, zählt etwa 10.000 Immobilien in ausländischer Hand. Engländer haben hier einen Anteil von ca. 80%.[132]

Am Mittelmeer hingegen zeigt sich ein gemischteres Bild. Antalya ist die Stadt mit den meisten Immobilieninvestitionen durch Ausländer. Von den etwa 23.000 Immobilien ist Deutschland mit etwa 5.000 Ferienhäusern und Eigentumswohnungen die meist vertretene Nation, gefolgt von England, Dänemark und Holland.[133]

Ausländische Investitionstätigkeiten werden auch in den kommenden Jahren weiter zunehmen. Neben den in Kapitel 3 analysierten wirtschaftlichen Rahmendaten der Türkei, die den Investoren mehr Sicherheit und Vertrauen schenken als in den Jahren zuvor, ist die gesetzliche Auflockerung der Investitionsbarrieren für Ausländer ebenfalls ein wichtiger Aspekt, der diesen Trend bekräftigt und welches näher im Kapitel 4 abgehandelt wurde.

5.1.3 Institutionelle Anleger

Die institutionellen Anleger sind für jeden Immobilienmarkt von großer Bedeutung. Denn sie übernehmen eine Vorreiterrolle und geben dem Markt eine wegweisende Richtung vor, so auch in der Türkei. Auch wenn diese Ausarbeitung des türkischen Immobilienmarktes den Fokus auf die Privatinvestoren setzt, ist auf die Rolle der institutionellen Anleger zwingend einzugehen.

Wenn eine gemeinsame Studie des Urban Land Institutes (ULI) und PriceWaterhouseCoopers (PWC) zu der Erkenntnis kommt, „Turkey is the India of Europe"[134], dann wird dies bei institutionellen Anlegern besonders zur Kenntnis genommen. Hinter dieser Aussage verbirgt sich schließlich das große Wachstumspotenzial des türkischen Wirtschafts-, aber auch des Immobilienmarktes.[135]

Die Investitionsvolumina seitens der Investoren sind in den vergangenen Jahren drastisch gestiegen. Seit 2005 ist dieser Trend zu beobachten, nachdem die politische Stabilisierung und der Zinsrückgang zu verzeichnen war. Weitere, im vierten Kapitel abgehandelte Erleichterungen und Sicherheiten für ausländische Investoren, insbesondere die Einführung des Mortgage- Gesetzes wurden als zusätzliche, positive Impulse für den Markt gewertet. Zudem kommt die Diskussion

---

132 Vgl. http://www.tkgm.gov.tr/yabancilar/ilceler.aspx?ID=70&adi=mugla&ilAdi=Muğla.
133 Vgl. http://www.tkgm.gov.tr/yabancilar/ilceler.aspx?ID=29&adi=antalya&ilAdi=Antalya.
134 PriceWaterhouseCoopers/ Urban Land Institute, Emerging Trends in Real Estate Europe 2008, S. 31.
135 Vgl. PriceWaterhouseCoopers/ Urban Land Institute, Emerging Trends in Real Estate Europe 2008, S. 31.

über eine EU- Mitgliedschaft als Phantasietreiber, sowie die bereits bekannten, günstigen wirtschaftlichen Rahmendaten und Bevölkerungswachstumsraten als Fundamentaldaten hinzu. Während zunächst Immobilientransaktionen vorwiegend von lokalen Akteuren vorgenommen wurden, haben in jüngster Zeit grenzüber-schreitende Aktivitäten deutlich zugenommen. So betrugen im Jahre 2006 die Aktivitäten der institutionellen Anleger gemäß Angaben des Beratungsunterneh-mens DTZ gerade einmal 36 Mio. Euro, während sich ein Jahr später die Summe auf 474 Mio. Euro belief. Und auch in 2008 war ein weiterer Anstieg zu verzeich-nen, wenn auch durch die globale Wirtschaftskrise im Wachstum gedämpft.[136]

Der Einzelhandelssektor ist hierbei besonders hervorzuheben, da dieser etwa 90% der Transaktionen ausmacht. Eine derart junge Bevölkerung mit steigenden Einkommen weckt das Interesse der Investoren und so wird in zahlreiche Shop-ping-Center investiert, vorwiegend in der Metropole Istanbul. Des Weiteren sind Büroimmobilien aus Sicht der institutionellen Anleger gefragt, da es einen Mangel an qualitativ hochwertigen Büroflächen gibt und sich die Renditen hierfür mit durchschnittlich 8% weit über dem europäischen Schnitt bewegen.[137]

Investoren aus den arabischen Golfstaaten haben inzwischen ebenfalls die Türkei als Investmentland für sich entdeckt und unterstreichen damit diesen Trend. So hat beispielsweise das Unternehmen Emaar bereits angekündigt, zwischen 2008 und 2013 Investitionen im Gesamtvolumen von 5 Mrd. US- Dollar zu tätigen. Weitere, international tätige und bekannte Immobilienentwicklungsgesellschaften wie Savills, ECE, Parador Properties, Multi Turkmall (als Tochter der Multi Corporation) sind ebenfalls in große Investitionsprojekte involviert. Diese Vorhaben werden durch die jüngste Prognose des Zentrums der Bauindustrie der Türkei bekräftigt, die bis 2014 von einer 50%-igen Zunahme der Aktivitäten in der Bauwirtschaft ausgeht.[138] Ein weiterer Teilnehmer am türkischen Immobilienmarkt ist die Gesellschaft Manage-ment für Immobilen AG aus Essen. Anfang 2007 gaben sie ihren Einstieg in den türkischen Shopping- Center- Markt bekannt und planen bis 2016 mit Investitionen im Volumen von einer Mrd. Euro.[139]

Doch nicht nur Shopping- Center werden als Investment genutzt. Ebenso ist zu beobachten, dass vermehrt neue Siedlungsprojekte mit Themenunterlegung (z.B. Toskana Valley, Bosphorus City, etc.) entstehen, die in erster Linie die wohlbetuch-te Bevölkerungsschicht ansprechen sollen. Die zumeist ausländischen Investoren

---

136 Vgl. Deutsche Bank Research, Immobilieninvestitionen in der Türkei: Mehr als nur Istanbul, S. 23f.
137 Vgl. Deutsche Bank Research, Immobilieninvestitionen in der Türkei: Mehr als nur Istanbul, S. 24.
138 Vgl. http://www.o-cean-estate.com/index.php?option=com_ content&view=article&id=60&Itemid= 72&showall=1.
139 Vgl. http://www.gtai.de/fdb-SE,MKT200706228001,Google.html.

nutzen dabei das natürliche Potenzial der Stadt und investieren in den Bau von Luxusvillen für den gehobenen Anspruch direkt am Wasser.

Abbildung 9: In Istanbul entsteht eine moderne Wohnsiedlung; Bosphorus City[140]

Ein weiteres Projekt ist beispielsweise das für Ankara geplante, komplett neu zu errichtende Wohngebiet Güneypark, das insgesamt 1.000 Einfamilienhäuser, 500 Reihenhäuser und 4.500 Wohneinheiten in Appartementhochhäusern einschließen soll. Das Investitionsvolumen wird hierbei auf etwa 800 Mio. US- Dollar geschätzt und der Verkaufserlös mit 2,5 Mrd. US- Dollar einkalkuliert.[141]

Grundsätzlich ist festzuhalten, dass die hohen Renditeaussichten und lukrativen Bauprojekte in der Türkei gerade für Kapitalanlagegesellschaften interessant sind und selbst mit Hinblick auf die vorhandenen Risiken, die ein Investment in einem Schwellenland mit sich bringt, als Beimischung im Immobilienportfolio gerne genutzt wird. So nehmen Fondsgesellschaften wie z.B. Morgan Stanley Real Estate, Commerzreal, Union Investment Real Estate, Cordea Savills, CorpusSireo um nur ein paar zu nennen, vermehrt Einzelhandels- und Wohnimmobilien aus der Türkei in ihr Portfolio auf und kalkulieren mit Renditen von 10-20%.[142]

5.2 Immobilienstruktur und Preise

Im nachfolgenden Abschnitt werden die unterschiedlichen Immobilienarten einerseits aus preislichen Gesichtspunkten betrachtet und andererseits wird das Wachstumspotenzial dieser Segmente näher analysiert. Dabei liegt der Fokus der Unter-

---

140 Quelle: Entnommen aus: http://www.mimdap.org/w/?p=6483.
141 Vgl. http://www.getjobs.net/index.php?path=gj_eu&arc=679.
142 Vgl. http://www.immobilien-zeitung.de/htm/news.php3?id=28079.

suchung auf dem Wohnimmobilienmarkt. Um sich ein Gesamtbild von der Branche machen zu können, ist es allerdings unerlässlich, auf andere Immobilienarten einzugehen. Und auch hierbei werden lediglich die wesentlichsten Immobilienarten erwähnt, Spezialimmobilien (Industrieimmobilien, Lagerhallen, öffentliche Bauten, etc.) bleiben bei der Untersuchung unberührt.

Es wird an dieser Stelle darauf hingewiesen, dass es in der Türkei bisher an einem öffentlichen Hauspreisindex mangelt und eine derartige Statistik sich noch im Aufbau befindet. Da verlässliche Daten zu Preisentwicklungen der Vergangenheit fehlen, kann hier nur auf Angaben von Experten zurückgegriffen werden.

Ohnehin sei an dieser Stelle erwähnt, dass der türkische Immobilienmarkt noch sehr intransparent ist und daher eine rein statistische Betrachtung kaum möglich ist. Einzelheiten zu Transaktionen werden selten offen gelegt, selbst Transaktionsvolumina werden oftmals nicht genannt. Beim Real Estate Transparency- Index belegt die Türkei mit dem Votum „wenig transparent" den 67. Rang. Im Vergleich hierzu steht Deutschland mit dem Urteil „transparent" auf dem 14. Platz. „Sehr transparent" und an erster Stelle dieses Indizes steht hingegen Kanada, gefolgt von Australien und der USA.[143]

5.2.1 Wohnimmobilien

Die aktuellsten Daten zum Gebäudebestand in der Türkei liegen aus dem Jahr 2000 vor und melden 16,2 Mio. Wohnungen gegenüber 15,1 Mio. Haushalten. Das, was auf dem ersten Blick nach einem Überangebot aussieht, lässt sich durch weitere Angaben aus dem Bericht schnell relativieren. Demnach werden beispielsweise alle Immobilien unabhängig von ihrer Ausstattung und Qualität in die Wertung aufgenommen, 8% der Gebäude gleichzeitig als „ernsthaft renovierungsbedürftig" bzw. „unbewohnbar" bewertet. Des Weiteren konnten nur ein Drittel der Immobilien in der Türkei sowohl eine Baugenehmigung, als auch eine Nutzungsgenehmigung vorweisen, welche zwingend erforderlich ist, um an das Versorgungsnetz angeschlossen werden zu können. Daran ist einmal mehr zu erkennen, wie groß der Bedarf insbesondere an qualitativem Wohnraum ist. Daher spielt auch für Istanbul ein statistisches Überangebot an Wohnraum von ca. 33% unter Beachtung

---

143 Vgl. Deutsche Bank Research, Immobilieninvestitionen in der Türkei: Mehr als nur Istanbul, S. 25.

der eben genannten Einschränkungen kaum eine Rolle aus Sicht eines Investors und lässt diesen Markt weiterhin attraktiv erscheinen.[144]

Das bereits im Kapitel 4.3.2 angesprochene Erfordernis von sieben Mio. neuer Wohnungen für die kommenden Jahre bekräftigt diese Aussage.

Wegen des Mangels an umfassenden und zuverlässigen Preisdaten kann eine genaue Berechnung des Gesamtmarktes nicht erfolgen, es lassen sich lediglich Ansätze und Tendenzen erkennen. So sind Renditeaussagen betreffend Istanbul für die vergangenen Jahre mit durchschnittlich 15 bis 20 Prozent getroffen worden.[145]

Ein privates Dienstleistungsunternehmen berechnet auf seiner Homepage www.samerendeksi.com aktuelle Marktpreise anhand von Analysen der derzeitigen Immobilienangebote und ermittelt so Durchschnittswerte für die sechs bedeutendsten Immobilienmärkte der Türkei. Demnach stehen die teuersten Immobilien in Istanbul. Während der durchschnittliche Quadratmeterpreis bei 1.577,- TL liegt, zahlt man in Besiktas- Bebek nahezu 12.000,- TL / m². In dem noblen Stadtteil direkt am Bosporus zahlt der solvente Käufer im Schnitt 2.577.000,- TL.[146] Verwunderlich sind die dagegen stehenden Mieten in der Türkei. Die vergleichsweise niedrigen Mieten betragen beispielsweise im gleichen Ort gerade einmal 26,67 TL / m² und erfordern somit eine lange Amortisationsdauer. Der Durchschnitt in Istanbul liegt bei 9,17 TL / m² und in Antalya sogar bei nur 4,29 TL / m². Abgeleitet aus diesen Werten errechnet sich ohnehin für die sechs Städte ein Mindestjahresfaktor von 15.[147] Also würde sich die Immobilie in 15 Jahren aus den Mieteinnahmen selbst bezahlen.

Seit Mitte des Jahres 2006 ist eine Verlangsamung des Wachstums in der Baubranche zu erkennen, welches zu Beginn auf steigende Zinsen, nun allerdings auf die weltweite Wirtschaftskrise und auf den Konjunktureinbruch zurückgeführt werden kann. Dies kann auch auf eine Konsolidierungsphase am Markt hindeuten, ändert allerdings nichts am langfristig intakten Ausblick. Insbesondere neue Wachstumsimpulse können hierbei in den kommenden Jahren von den Wohnprojekten für sozial schwächer gestellte Familien kommen, bei denen auch der größte Sanierungsbedarf besteht, wo hingegen bei Immobilien in der gehobenen Preiskategorie sowie im Luxussegment eine gewisse Marktsättigung zu erwarten ist.[148]

---

144 Vgl. Deutsche Bank Research, Immobilieninvestitionen in der Türkei: Mehr als nur Istanbul, S. 18.
145 Vgl. http://www.handelsblatt.com/finanzen/immobilien/tuerkei-lockt-mit-immobilien;1155938.
146 Vgl. http://www.samerendeksi.com/GenelBakis.
147 Vgl. http://www.samerendeksi.com/GenelBakis.
148 Vgl. http://www.gtai.de/fdb-SE,MKT200706228001,Google.html.

Die Erfolgsfaktoren für den Wohnimmobilienmarkt, zu dem Mehrfamilienhäuser und Eigentumswohnungen ebenso zählen, wie Einfamilienhäuser und Ferienhäuser können abschließend wie folgt zusammengefasst werden:[149]

- Steigende Einkommen der Bevölkerung

- Steigende Bevölkerungszahl

- Erheblicher Sanierungsbedarf bei Bestandsimmobilien und hoher Neubaubedarf

- Hypothekengesetz aus dem Jahr 2007

- Aussichten auf einen EU- Beitritt der Türkei

Der Trend geht derzeit eindeutig in Richtung Häuser mit zwei oder mehr Wohnungen, der Anteil an Einfamilienhäusern beim Bau lag in 2006 und 2007 bei gerade einmal 7%. Zurückzuführen ist dies auf die Urbanisierung, denn Grundstücke sind in den Städten rar und teuer. Somit wird aus Gründen der Wirtschaftlichkeit der Bau von Mehrfamilienhäusern bevorzugt.

5.2.2 Grundstücke

Grundstücke sind in der Türkei vor allem in den vergangenen Jahren zu Spekulationsgegenständen geworden. Da Baugrundstücke insbesondere im Stadtkern knapp und zudem teuer sind, verschiebt sich das Interesse der Anleger auf Baugrundstücke am Stadtrand. Und da es auch im Rahmen der Städteplanung zu Erweiterungen und zum Ausbau der Infrastruktur kommt (Autobahnen, Brücken, Flughäfen, neue Industriegebiete), erhofft sich jeder Anleger mit dem Kauf eines Grundstücks eine für die Zukunft möglichst wertvolle Fläche zu erwerben, unabhängig von der Absicht, dort tatsächlich Wohnraum entstehen zu lassen oder nicht.[150]

Ein solches Vorhaben sollte daher unbedingt mit einer orts- und fachkundigen Person geprüft und verschiedene Gutachten sollten zur Entscheidungsfindung zu

149 Vgl. Deutsche Bank Research, Immobilieninvestitionen in der Türkei: Mehr als nur Istanbul, S. 15ff.
150 Vgl. http://www.dener.eu/kueche/restaurant/index.html.

Grunde gelegt werden. Dies gilt insbesondere auch für die Prüfung von etwaigen Lasten auf dem Grundstück sowie den erforderlichen Genehmigungen.

Um die Auswirkungen von Spekulationen auf Grundstückspreise deutlich zu machen, ist eine Betrachtung eines vor Jahren thematisierten Bauplans ausreichend. In Türkei wird zur Entlastung des Straßenverkehrs seit 2006 intensiver über die Errichtung einer dritten Hängebrücke nachgedacht, nördlich der bestehenden zwei Brücken. Nach langen Überlegungen kristallisieren sich nun für den Standort des Baus immer mehr die Standorte Sariyer auf der europäischen Seite, und Anadolu Kavagi, auf der asiatischen Seite.[151] Obwohl noch keine offizielle Bekanntgabe und Ausschreibung stattgefunden hatte, sind die Grundstückspreise in den umliegenden Orten enorm gestiegen. So sind beispielsweise im Ort Catalca die Preise von einst 5- 10 TL/ m² Grundstück auf 40- 50 TL/ m² angestiegen, Spitzenwerte liegen bei gar 100 TL, was eine Verzehnfachung innerhalb von drei bis fünf Jahren ausmachen würde.[152]

Eine beliebte Form der Kapitalanlage bzw. Verwertung von Grundstücken in der Türkei bildet die Übergabe des Grundstücks an einen Architekten zwecks Bebauung. Vorwiegend Investoren, die kein weiteres Kapital einsetzen wollen oder können, lassen sich auf dieses Geschäft mit einem Architekten ein. Bei einem telefonischen Interview mit einem ortsansässigen und erfahrenen Immobilienmakler aus Antalya berichtete dieser, dass Eigentümer von Baugrundstücken von Architekten kontaktiert werden. Diese bieten dem Eigentümer an, ein Mehrfamilienhaus auf diesem Grundstück zu errichten, und beispielsweise bei einem 8- Familienhaus drei Wohnungen dem Eigentümer zu übergeben. Fünf Wohnungen behält der Architekt, aus dem Verkaufserlös trägt er dann seine Kosten und bezieht seine Rendite. Der ursprüngliche Grundstückseigentümer hingegen hat nun drei Wohnungen ohne jeglichen Aufwand gehabt zu haben.

Sicherlich ist der Bau eines Mehrfamilienhauses auf dem bereits vorhandenen Grundstück in Eigenregie unter Renditegesichtspunkten lukrativer, jedoch stehen hier die Risiken mit dem Bau und die Aufwendung des Kapitals in Vorleistung als Argumente dagegen.

---

151 Vgl. http://www.gtai.de/DE/Content/__SharedDocs/Links-Einzeldokumente-Datenbanken/fachdokument.html?fIdent=MKT200711238012.
152 Vgl. http://www.yesaddress.com/emlakhaberleri/132/3-Kopru-Nereden-Gececek.html.

5.2.3 Büroimmobilien

Der Markt für Büroimmobilien ist derjenige, der die höchsten Wachstumsraten vorweisen kann. Hier lag die Wachstumsrate beispielsweise von 2005 auf 2006 bei 83,9%.[153] Expandierende Unternehmen aus dem Inland, aber auch ausländische Unternehmen, die im Rahmen ihrer Standorterweiterung die Türkei wählen und dort die günstigen Rahmenbedingungen nutzen möchten, sind die Nachfrager der Immobilien, insbesondere von qualitativ hochwertigen Büroflächen. Im Vergleich zum noch folgenden Einzelhandelssektor ist der Bürosektor trotz der hohen Wachstumsraten noch stark unterentwickelt. Istanbul ist aufgrund der Bevölkerungsdichte und der Konzentration auf den Dienstleistungssektor auch in diesem Segment der größte Markt des Landes. Zusätzliche Planungen der Regierung, den Sitz der Türkischen Zentralbank von Ankara nach Istanbul zu verlegen, dürften dem Standort weitere positive Impulse geben. Hingegen bedeutet das für die Hauptstadt einen Rückschlag und Risiken von hohen Leerstandsquoten wären gegeben. Interessante Büromärkte sind weiterhin die Städte Antalya, Kocaeli und Izmir.[154]

Aufgrund der aktuellen, makroökonomisch betrachtet schwierigen Wirtschaftslage ist bei Büromieten nur noch ein moderates Wachstum zu erwarten, in Einzelfällen ist sogar ein Rückgang möglich. Um nochmals auf Istanbul zurückzukommen, dem Markt mit den für unsere Bewertung transparentesten Preisen und Daten, kann derzeit festgehalten werden, dass die knappen und teuren Grundstückspreise im Hauptgeschäftsviertel die Bauvorhaben eindämmen. Zugleich werden sich nun wegen der Finanzkrise weniger Unternehmen aus dem Ausland um einen Markteintritt in der Türkei anstrengen.

Im Rahmen eines Jahresrückblicks auf 2008 stellte die DTZ Türkei fest, dass ein Angebotsmangel bei hochwertigen Büroflächen weiterhin vorhanden und der größte Preistreiber für diesen Sektor ist. Zum Ende des vergangenen Jahres lagen die Mietpreise für Büroimmobilien der A- Kategorie auf dem europäischen Teil von Istanbul bei 40 US- Dollar/ m²/ Monat und auf dem asiatischen Teil bei 22 US-Dollar/ m²/ Monat. Im ersten Quartal 2009 war bereits ein Rückgang auf 33 bzw. 20 US- Dollar zu verzeichnen. Die Leerstandsquoten betrugen hingegen 4% für den europäischen Teil und 9,5% für den asiatischen Teil der Stadt.[155]

---

153 Vgl. http://www.gtai.de/fdb-SE,MKT200706228001,Google.html.
154 Vgl. Deutsche Bank Research, Immobilieninvestitionen in der Türkei: Mehr als nur Istanbul, S. 14f.
155 Vgl. DTZ Pamir Soyuer, Istanbul Office Market Overview (Summary) 2009, S. 1.

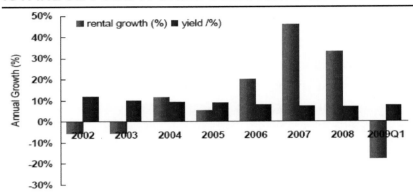

ISTANBUL : CBD A Grade Office Rents and Yields

Abbildung 10: Wachstumsraten und Rendite bei Büroimmobilien in Istanbul[156]

Bei der vorhergehenden Grafik ist die jährliche Entwicklung des Büroimmobilien-
marktes in Istanbul für erstklassige Büroflächen im Hauptgeschäftsviertel (CBD)
dargestellt. Hierbei sind die Preisentwicklungen mit blauen Balken und die Renditen mit roten Balken gekennzeichnet. Bei den Renditen ist eine Konstanz zu
erkennen, wobei diese Werte in den letzten drei Jahren leicht steigend waren und
nun 8- 9% p.a. betragen. Die Mietpreise hingegen waren deutlichen Schwankun-
gen untersetzt. Während in den Jahren 2006 bis 2008 jeweils hohe Mietsteigerun-
gen von teilweise bis zu 50% zu erkennen sind, ist im Jahr 2009 bereits ein Rückgang um 15% zu verzeichnen.

Für die kommenden zehn Jahre wird für die 25 größten Städte des Landes ein
Büroflächenbedarf von ca. 5 Mio. m² prognostiziert und verdeutlicht das Potenzial
in diesem Segment.[157]

5.2.4 Einzelhandelsimmobilien

Im Bereich der Einzelhandelsimmobilien und Shopping- Center bietet die Türkei
noch reichlich Potenziale, und das trotz der bereits in den vergangenen Jahren
vorgenommenen Investitionen. Eine stark wachsende, junge Bevölkerung und der
steigende Wohlstand in der Türkei verhelfen dem konsumfreudigen Markt dazu,
Einzelhandelskonzerne in die Türkei zu locken und dort in neue Standorte zu
investieren. Durch den Bau von Einkaufszentren wurden sowohl ausländischen
Konzernen, als auch den national expandierenden türkischen Handelsketten
moderne Verkaufsflächen geboten, um ihre Produkte optimal zu vermarkten. Trotz

---

156 Quelle: Entnommen aus: DTZ Pamir Soyuer, Istanbul Office Market Overview (Summary) 2009, S. 1.
157 Vgl. Deutsche Bank Research, Immobilieninvestitionen in der Türkei: Mehr als nur Istanbul, S. 1.

der bereits 190 Shopping- Center hat die Türkei noch erheblichen Ausbaubedarf bei den Flächen. So belegte die Türkei 2007 mit 50 m² Bruttomietfläche (in Einkaufszentren) pro Tausend Einwohner einen bescheidenen 17. Rang unter 20 europäischen Ländern. Zum Vergleich bietet die Niederlande ca. 430 m², Frankreich 250 m² und Deutschland immerhin noch ca. 150 m².[158]

Etwa 30% der in Türkei befindlichen Einkaufszentren liegen in Istanbul. Derzeit sind es 47 Einkaufszentren in der Metropole mit einer Bruttomietfläche von 1,5 Mio. m² und es werden noch mehr. Die Renditen für Istanbul belaufen sich nach Maklerangaben auf 7%. In Europa nehmen lediglich in Russland die Bauvorhaben ein größeres Ausmaß an. In 2009 sollen rund 2,4 Mio. m² fertig gestellt werden, größte Projektstädte sind neben Istanbul Ankara, Antalya und Izmir. Die hochmodernen Einkaufszentren haben ein ansprechendes Design, wurden nach genauen Vorgaben gebaut und sind mittelgroß bis groß.[159]

Wie bereits in Kapitel 5.1.3 erwähnt, investieren hauptsächlich institutionelle Anleger aus dem Ausland in diese Immobilienform. Aufgrund einer abzusehenden Sättigung in den Großstädten, rücken vermehrt kleinere und günstigere Städte ins Visier der Investoren, welche zwar noch ein höheres Risiko darstellen, weil der Markt unreif ist, andererseits stellen diese Städte auch höhere Renditen in Aussicht. Zu erwähnen wären hier Städte wie Mersin, Samsun, Kocaeli und Diyarbakir.[160]

Abschließend lässt sich übergreifend zum türkischen Immobilienmarkt sagen, dass in allen Sektoren weiterhin Potenziale vorhanden sind, aber auf Qualität vermehrt Wert gelegt wird und diese Immobilien auf Dauer betrachtet Erfolg haben werden. Zudem lässt sich festhalten, dass aktuelle, konjunkturell bedingte Martkbereinigungen gesund und normal sind, langfristig von den positiven Rahmendaten allerdings wieder überholt werden dürften.

Speziell Istanbul stellt für Investoren hohe Renditen in Aussicht. In der aktuellsten Studie von ULI und PWC rangiert der Standort Istanbul unter den europäischen Top- Immobilienmärkten auf Rang 3 hinter München und Hamburg, im Vorjahr war es noch Rang 2 hinter Moskau. Dabei bilden neben den Renditeaussichten und Entwicklungschancen, die Risikoeinschätzung zum Markt die wesentlichen Kriterien bei der Bestimmung der Rangfolge. Während Istanbul zum Entwicklungs-

158 Vgl. Deutsche Bank Research, Immobilieninvestitionen in der Türkei: Mehr als nur Istanbul, S. 11.
159 Vgl. Deutsche Bank Research, Immobilieninvestitionen in der Türkei: Mehr als nur Istanbul, S. 24 und S. 12.
160 Vgl. Deutsche Bank Research, Immobilieninvestitionen in der Türkei: Mehr als nur Istanbul, S. 13.

stärksten Markt gekürt wird, verliert es bei der Gesamtbetrachtung aufgrund der hohen Risikoeinschätzung (Rang 20 von 27).[161]

5.3 Potenzial des Marktes durch Vergleich zum spanischen Immobilienmarkt

Der aktuelle türkische Immobilienmarkt wird in Immobilienberichten oftmals mit dem spanischen Immobilienmarkt von vor etwa 20 Jahren verglichen. Diese pauschale Aussage soll nun im nachfolgenden Abschnitt näher analysiert werden und hinsichtlich der Möglichkeiten einer Schlussfolgerung für die Entwicklung des türkischen Immobilienmarktes überprüft werden. Dazu werden zunächst die historischen Rahmendaten zum spanischen Immobilienmarkt zusammengefasst, anschließend Parallelen zwischen den Märkten gesucht. Aufgrund der Entwicklung im spanischen Immobilienmarkt soll schließlich geprüft werden, inwiefern sich eine Ableitung auf den türkischen Immobilienmarkt vornehmen lässt. Dieser Vergleich bezieht sich lediglich auf den Wohnimmobilienmarkt und den entsprechenden Indikatoren. Weitere Vergleiche würden den Rahmen dieser Arbeit sprengen und könnten gegebenenfalls im Rahmen einer neuen Ausarbeitung aufgenommen werden.

5.3.1 Rahmendaten

Spanien liegt in Südwesten Europas auf der Iberischen Halbinsel. 80% der Insel gehört zu Spanien, 20% hingegen gehören dem westlichen Nachbarn Portugal. Zudem teilt sich Spanien seine Landesgrenzen mit Frankreich und Andorra im Norden. Die Balearischen Inseln Mallorca, Ibiza und Menorca, sowie die Kanarischen Inseln im Atlantik gehören ebenso zu Spanien, wie die Städte Ceuta und Melilla in Nordafrika.[162] Mit einer Gesamtfläche von 504.782 km² und einer Einwohnerzahl von 46,2 Mio. Menschen zählt Spanien in beiderlei Hinsicht zu den größten Ländern in Europa. Zudem zeigt sich der Tourismus als ein wesentlicher Bestandteil der Bevölkerung, denn immerhin besuchen jährlich 57,4 Mio. Menschen (2008) das Land.[163] Ein angenehmes Klima, das schöne Meer, diverse

---

161 Vgl. http://www.presseportal.de/pm/8664/1345234/pwc_pricewaterhousecoopers.
162 Vgl. http://www.red2000.com/spain/primer/2geo.html.
163 Vgl. http://www.red2000.com/spain/primer/2data.html.

Sehenswürdigkeiten rund um das Land und eine gute Infrastruktur machen Spanien für Touristen und Privatinvestoren interessant. Das Durchschnittsalter der Bevölkerung Spaniens liegt bei 41,1 Jahren und somit nah am deutschen Durchschnittswert von 42 Jahren.[164] Spanien ist für seine traditionell hohen Wohneigentumsquoten bekannt. So liegt der Wert hier bei 86% und bildet somit gemeinsam mit Norwegen die Spitze in Europa für dieses Segment.[165]

Für unseren Vergleich der Immobilienmärkte werden nun für bestimmte Bereiche historische Daten Spaniens zu Grunde gelegt. Ein vergleichbarer Zeitraum ist hierbei zunächst der Anfang der achtziger Jahre kurz vor dem EU- Beitritt 1986 bis Mitte der neunziger Jahre.

Das Bevölkerungswachstum des Landes betrug zwischen 1986 und 1995 im Durchschnitt 0,52%. Spanien hatte zu diesem Zeitpunkt 40,5 Mio. Einwohner.[166] Die Geburtenhäufigkeit lag bei 1,17 Kindern pro Frau. Anfang der Achtziger lag dieser Wert noch bei knapp über 2, heute ist er im Vergleich zum Tiefpunkt wieder leicht auf 1,46 angestiegen.[167] Im Zeitraum 1980 bis 1995 stieg hingegen die Anzahl der Haushalte deutlich um ca. 15% auf 12,1 Mio., für den Zeitraum von 1995 bis 2010 wird gar mit einem Anstieg um weitere 22% gerechnet. Die Zahl der durchschnittlichen Haushaltsgröße sinkt derweilen weiterhin. Waren es 1995 noch 3,2 Personen je Haushalt, so kalkuliert man für die Zukunft mit einer Abnahme auf bis zu 2,5 Personen (2025).[168]

Die politischen Rahmendaten in Spanien waren damals als durchaus schwierig zu bezeichnen. Nach dem Ende der Franco- Diktatur durch dessen Tod im Jahre 1975 befand sich Spanien in einem Umbruch. Eine Demokratie nach westlichem Vorbild sollte geschaffen werden, obwohl es noch politische Lager gab, die dies verhindern wollten. Die wirtschaftliche Isolation des Landes sollte nun aufgelöst werden. Das Land unternahm große Anstrengungen, um die Wirtschaft zu modernisieren und zu liberalisieren. Anfang der achtziger Jahre gelang schließlich die Durchsetzung der Vorhaben. Mit der zeitgleichen Aussicht auf einen Beitritt in die Europäische Gemeinschaft begann die spanische Wirtschaft aufzustreben. Spanien ist seit 1986 Mitglied der EG (heute EU).[169]

Diese Entwicklung machte sich unter anderem beim Bruttoinlandsprodukt bemerkbar. In den Jahren 1975- 1980 konnte Spanien eine durchschnittliche Wachstums-

---

164 Vgl. https://www.cia.gov/library/publications/the-world-factbook/geos/SP.html#top.
165 Vgl. http://www.as-immobilien.com/index.php4?cmd=newsdetails&newsid=533.
166 Wachstumsraten eigenständig ermittelt anhand realer Bevölkerungszahlen auf Basis der Daten aus http://www.ine.es/GSTConsul/infDatosSeriesAction.do?codigo=DPOD1.
167 Vgl. http://www.ine.es/en/prensa/np552_en.pdf S.1.
168 Vgl. http://www.eds-destatis.de/de/downloads/sif/nk_03_24.pdf S.2.
169 Vgl. http://www.gimaconsult.com/service/newsletter/aktuelles/sept-08/nl-9-08-SP.

rate von 1,8% vorweisen, in den darauf folgenden fünf Jahren verringerte sich diese Rate sogar auf 1,4%. Erst mit der politischen Stabilisierung des Landes und der Aufnahme in die EG, sowie der Liberalisierung der Wirtschaft erreichte Spanien in den Jahren 1985- 1990 eine durchschnittliche BIP- Wachstumsrate von 4,4% und lag damit erstmals über dem Durchschnitt der EG (3,1%).[170]

Die Arbeitslosenzahlen für Spanien waren historisch betrachtet stets hoch und bildeten das Hauptproblem ihrer Volkswirtschaft. So lag die Arbeitslosenquote im Jahre 1980 bei 11,4% und 1990 bei 16,3%, erreichte 1994 sogar als Folge der europaweiten Rezession einen Negativrekord mit 24,2%.[171] In der Wachstumsphase von 1985- 1991 verringerte sich zwar die Quote zwischenzeitlich von 21,9% auf 16,3%, doch blieb der Wert stets auf einem hohen Niveau und die Linderung war nicht auf eine geplante Maßnahme der Politik zurückzuführen, sondern war lediglich ein kurzfristiger Effekt des wirtschaftlichen Aufschwungs Spaniens. Erst in den späten neunziger Jahren, als auch vermehrt Frauen im Arbeitsleben Fuß fassten und die Verlagerung von Arbeitsplätzen aus der Schattenwirtschaft in die reale Wirtschaft insbesondere in der aufstrebenden Baubranche stattfanden, begann die Arbeitslosenquote deutlich zu fallen und erreichte 2002 einen Wert von 11,3%.[172]

Die jährliche Inflation in Spanien wies 1980 noch einen Wert von 13,35% aus.[173] Im Zuge der Vorbereitungen auf den Beitritt in die EG und der Stabilisierung seiner Wirtschaft schaffte es Spanien, die Inflation auf 8,2% (1985) und 4,6% (1987) zu drücken. Eine schrittweise Senkung, wenn auch mit zwischenzeitlichen Ausreißern in die Höhe wurde auf bis zu 1,4% im Jahr 1998 erreicht. Die traditionell hohen Inflationsraten blieben dennoch stets hinter dem europäischen Durchschnitt und begannen in den Folgejahren wieder zu steigen.[174]

Aus der Historie betrachtet umso erstaunlicher ist es, dass Spanien aktuell im Zusammenhang mit der schweren Rezession im eigenen Land nun eine Deflation verkünden muss. Die Statistiker stellten fest, dass Spanien als erstes EU- Land einen Rückgang bei den Verbraucherpreisen um 0,1% zum Vorjahr vorweist. Dies ist allerdings in Anbetracht des Platzens der Immobilienblase im eigenen Land kaum verwunderlich.[175]

Die Zinspolitik spielte eine ganz entscheidende Rolle beim Wirtschaftsaufschwung und Immobilienboom Spaniens. So sehr, dass Experten die Zinssenkungen für

170 Vgl. Schrader, K., Laaser, C.-F., (1994), S. 191.
171 Vgl. http://www.europa-infoshop.de/Die_Union/Lander/EU-Mitgliedsstaaten/Spanien/spanien.html.
172 Vgl. Nohlen, D., Hildenbrand, A., (2005), S. 26f.
173 Vgl. http://www.europa-infoshop.de/Die_Union/Lander/EU-Mitgliedsstaaten/Spanien/spanien.html.
174 Vgl. Nohlen, D., Hildenbrand, A., (2005), S. 25ff.
175 Vgl. http://diepresse.com/home/wirtschaft/finanzkrise/465730/index.do.

75% des Wirtschaftsaufschwungs verantwortlich machen.[176] Zuvor waren Jahre hoher Leitzinsen durchzustehen. So lag der Referenzzins im Jahre 1980 bei 10,90%, ehe er drei Jahre darauf im Schatten der politischen Geschehnisse seinen historischen Höchststand mit 21,40% erreichen sollte. Im Jahr darauf folgte jedoch wieder eine große Zinssenkung auf 12,50%. Kurz vor dem Beitritt in die EG war eine Annäherung zum europäischen Durchschnittszins unumgänglich. In den Jahren 1980- 1989 war letztlich ein durchschnittlicher Leitzins von 13,60% zu verzeichnen.[177]

Ab Beginn der neunziger Jahre wurden weitere Phasen regelmäßiger Zinssenkungen eingeleitet. So wurde der Leitzins von 14,50% sukzessive bis zum Start der Europäischen Währungsunion am 01.01.1999 deutlich auf 3,00% gesenkt. In diesen Jahren wurden Kredite vermehrt nachgefragt und Investitionen mit günstigem Fremdkapital getätigt. Insbesondere die Bauwirtschaft profitierte von dieser Entwicklung. Es wurden immer mehr Wohnungen gebaut. Die Bevölkerung konnte nun günstige Finanzierungen für ihren Immobilienkauf erhalten. Außerdem wurde die Immobilie als Investment für die Spanier, die das Immobilieneigentum ohnehin hochschätzen, zur Alternative zu den in der Rendite fallenden Staatsanleihen.[178]

5.3.2 Vergleich zum aktuellen türkischen Immobilienmarkt

Ein Vergleich zwischen den Ländern Spanien und Türkei ist durchaus sinnvoll, denn beide Nationen haben vieles gemeinsam. Die geographische Lage und die vielen Küstengebiete, sowie die mediterrane Kultur beider Länder und ihre Einstellungen zum Immobilieneigentum sind sehr ähnlich. In beiden Ländern genießt das Wohneigentum einen hohen Stellenwert, was für die jeweiligen Immobilienmärkte von großer Bedeutung ist. Ebenso sind beide Länder jährlich das Ziel für Millionen von Touristen.

Die spanische Wirtschaft und ihr Immobilienmarkt haben in den vergangenen zwei Jahrzehnten bereits eine positive Entwicklung vollzogen, welche ihrem türkischen Pendant für die Zukunft noch in Aussicht gestellt wird. Daher konzentrieren sich die volkswirtschaftlichen Daten Spaniens auf die Zeit vor dem Boom, wie sie im Kapitel zuvor bereits zusammengeführt wurden.

---

176 Vgl. Nohlen, D., Hildenbrand, A., (2005), S. 29.
177 Vgl. Sidney, H., Sylla, R. (1996), S. 539.
178 Vgl. WestLB, Spanien- Am Tropf der Bauwirtschaft, S. 4.

Ähnlich wie die Türkei erstarkte Spanien aus einer politischen und wirtschaftlichen Krise heraus (Türkei 2001 zu Spanien 1983). Spanien verfolgte als Ziel einen Beitritt zur EG, und schnürte in diesem Zusammenhang verschiedene Pakete zur Stabilisierung und Liberalisierung der Wirtschaft, so auch die Türkei bei ihren Beitrittsbemühungen in die EU.

Doch beide Regierungen hatten stets mit einer hohen Inflation zu kämpfen. Spanien konnte die Rate vor ihrem Beitritt in die EG immerhin von 13,35% auf 8,20% senken, danach sogar noch weiter reduzieren. Die Türkei hatte hierbei eine deutlich schwierigere Ausgangsposition. So lag die Inflation in 2001 noch bei 68,50%, heute ist dieser Wert auf ein einstelliges Niveau zurückgegangen.

Ebenso verhält es sich mit dem größten Grund für Hemmnisse bei Investitionen, den Darlehenszinsen. Die Zinsen waren in Spanien stets hoch, weit über dem europäischen Schnitt auf einem Niveau von über zehn Prozent. Eine sukzessive Reduzierung der Zinsen sorgte umgehend für eine Belebung der Bauwirtschaft und des Immobilienmarktes. Zu beobachten ist dieser Trend auch bereits jetzt in der Türkei. Deutliche Zinssenkungen wie im Kapitel 3.4 beschrieben gehen einher mit verstärkten Investitionen im Hochbau, ausländische Investoren nutzen diese Gelegenheit gleichermaßen um in der Türkei zu investieren. Parallelen zwischen den beiden Nationen Spanien und Türkei sind hier deutlich erkennbar, ein Bauboom wie in Spanien ist bereits zu Teilen vollzogen und noch weiter ausbaufähig.

Bei den Wachstumsraten für das Bruttoinlandsprodukt ist die Türkei sogar dem Spanien von vor 20 Jahren deutlich voraus. Während Spanien hier in den besten Jahren zwischen 1985 und 1990 ein Wachstum von durchschnittlich 4,4% p.a. vorweisen konnte, kann die Türkei in den Jahren zwischen 2003 bis 2008 ein durchschnittliches BIP- Wachstum von 6,9% vorlegen.[179] Das im Zuge der weltweiten Rezession die Werte hier im laufenden Jahr deutlich gefallen sind, widerlegen nicht das grundsätzliche Potenzial und den Trend des Marktes.

Auch bei den demografischen Kennzahlen scheint die Türkei aus Sicht des Immobilienmarktes den Spaniern einen Schritt voraus zu sein. Die ohnehin jüngere Bevölkerung Türkeis wächst zudem schneller als das Vergleichsland. Positive Rückschlüsse auf die Nachfragesituation auf dem Immobilienmarkt liegen nahe. Die steigende Zahl der Haushalte hingegen erscheint in beiden Ländern ähnlich stark.

---

179 Vgl. Deutsche Bank Research, Immobilieninvestitionen in der Türkei: Mehr als nur Istanbul, S.3.

5.3.3 Entstehung des spanischen Immobilienbooms

An dieser Stelle sollen die Hintergründe für den Immobilienboom Spaniens ab Mitte der Neunziger bis zum Höhepunkt zum Jahreswechsel 2003/2004 analysiert und bewertet werden. Für den drastischen Aufstieg dieser Branche haben drei Faktoren wesentlich beigetragen:[180]

1. *Sinkende Zinsen:* Historisch niedrige Zinsen zum Start der Europäischen Währungsunion und die Verlängerung der Laufzeiten von Hypotheken, sowie eine höhere Verschuldungsmöglichkeit der Haushalte durch Finanzinnovationen, ermutigten eine breite Mittelschicht als zusätzliche Teilnehmer am Immobilienmarkt dazu, Wohneigentum zu erwerben.[181]

2. *Bevölkerungswachstum:* Ein Bevölkerungswachstum von jährlich 600.000 Menschen, bedingt auch durch Immigration, erforderte zusätzlichen Wohnraum. Zudem kam die Generation der Babyboomer auf den Markt, also die 25 bis 34 Jährigen, und somit Personen im Haushaltsgründungsalter.[182] Zeitgleich stieg die Scheidungsrate im Land stark an, eine schnelle Emanzipation folgte, Haushalte wurden kleiner und mehr.[183] Diese Situation stützte die Nachfrage nach Wohnungen.

3. *Steigende Einkommen:* Das Realeinkommen der spanischen Haushalte hat sich in den letzten 15 Jahren durchschnittlich um 4,5% gesteigert, was eine Steigerung der Ansprüche der Bevölkerung mit sich brachte. Immer größere und teurere Immobilien wurden nachgefragt.[184]

Die Bautätigkeiten begannen rasch und nahmen innerhalb kurzer Zeit große Dimensionen an. Über lange Jahre hinweg wurden mehr als 600.000 Wohnungen jährlich gebaut, um der steigenden Nachfrage gerecht zu werden. Dies entsprach zwei Drittel aller gebauten Wohnungen in der EU.[185]

Laut der Europäischen Zentralbank verteuerten sich Wohnungen und Häuser in Spanien zwischen 1999 und 2005 um jährlich 15%.[186] Der inzwischen überhitzte Immobilienmarkt, auch getrieben von Spekulationen seitens gewerblicher und

---

180 Vgl. WestLB, Spanien- Am Tropf der Bauwirtschaft, S. 4f.
181 Vgl. http://www.wiwo.de/politik/in-spanien-auf-sand-gebaut-273439/2/.
182 Vgl. WestLB, Spanien- Am Tropf der Bauwirtschaft, S. 5.
183 Vgl. http://www.wiwo.de/politik/in-spanien-auf-sand-gebaut-273439/2/.
184 Vgl. WestLB, Spanien- Am Tropf der Bauwirtschaft, S. 5.
185 Vgl. http://www.wiwo.de/politik/in-spanien-auf-sand-gebaut-273439/.
186 Vgl. http://www.wiwo.de/finanzen/spanische-ferienhaeuser-entwickeln-sich-zum-alptraum-302474/.

privater Investoren, hat in zehn Jahren fast zu einer Verdreifachung der Preise geführt.[187] Insbesondere Großstädte wie die Hauptstadt Madrid und Küstengebiete bzw. die Insel Mallorca waren besonders begehrt. Hier wurden die Preise nicht immer rational ermittelt, sondern wie so oft spielte das Bauchgefühl eine wichtige Rolle und für ein Haus am Strand wurden dann Liebhaberpreise gezahlt.

Eben diese Liebhaberpreise werden in Zeiten einer globalen Finanzkrise nicht mehr gezahlt und somit fallen die Preise drastisch.

Die nachfolgende Grafik veranschaulicht die enorme Wertentwicklung spanischer Immobilien im Verglich zur weltweiten Konkurrenz. Lediglich Irland konnte gemessen an den 20 Jahren der Datenerhebung eine größere Wertsteigerung vorweisen. In Spanien verteuerten sich die Immobilien von 1985 bis 2005 um durchschnittlich 307%.

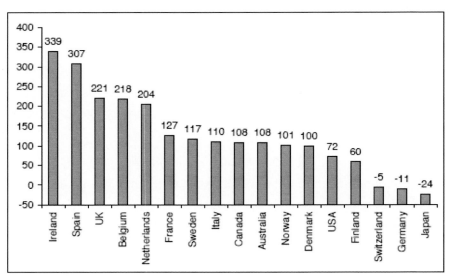

Abbildung 11: Kumulierte Verteuerung der Hauspreise einzelner Länder von 1985- 2005 (in %)[188]

In Deutschland hingegen war ein Rückgang der Immobilienpreise um 11% zu verzeichnen.

187 Vgl. http://www.zeit.de/2007/39/Spanien-Immobilien-Boom?page=1.
188 Quelle: Entnommen aus: ECB, House Prices, Money, Credit and the Macroeconomy, S. 27.

5.3.4 Schlussfolgerungen für den türkischen Immobilienmarkt

Im vorangegangenen Kapitel wurden auf die Gründe für den Erfolg des spanischen Immobilienmarktes eingegangen. Dabei sind drei wesentliche Faktoren hervorgehoben worden. Alle drei Faktoren sind in der Türkei ebenfalls positiv belegt.

Die Leitzinsen haben sich erstmalig seit Jahren auf ein einstelliges Niveau bewegt und fördert ähnlich wie seinerzeit in Spanien den Konsum und den Kauf von Immobilien. Weiterhin besteht ein hohes Potenzial für weitere Zinssenkungen, um eine Annäherung zum europäischen Niveau zu schaffen. Dies kann dem Markt für die Zukunft positive Impulse verleihen. Ebenso ist mit der Einführung des Hypothekengesetzes einer breiteren Bevölkerungsschicht der Weg geebnet worden, sich für den Kauf einer Immobilie langfristiger und höher zu verschulden. Die türkische Bevölkerung, welche das Wohneigentum ebenso hoch befürwortet wie die Spanier, wird dieses Finanzinstrument, das in der Türkei noch in den Kinderschuhen steckt, schon bald verstärkt nutzen.

Beim Bevölkerungswachstum sind die Vorzeichen für die Türkei ebenso positiv. Ein, in der Bevölkerung um jährlich knapp eine Million wachsendes Land, welches zugleich eine junge und gut ausgebildete Bevölkerungsstruktur vorweisen kann, wird neue, anspruchsvolle Marktteilnehmer für den Immobiliensektor hervorbringen. Eine zunehmende Auflockerung der Tradition hinsichtlich Haushaltsgrößen und der Trend zu kleineren Haushalten kommen dem Markt in Form von steigendem Wohnraumbedarf ebenfalls zu Gute. Hier ist die Ausgangsposition somit für die Türkei sogar deutlich besser als die der Spanier vor 15 Jahren.

Für den steigenden Wohlstand im Land ist das BIP je Einwohner ein Indikator. Hier erkennt man, dass die Türkei mit einem jährlichen Wachstum von über 6% auch einen stärkeren Fortschritt macht gegenüber Spanien, das seinerzeit mit durchschnittlich 4,5% p.a. gewachsen ist.[189]

In allen drei wachstumsentscheidenden Punkten des spanischen Immobilienmarktes kann die Türkei also mindestens genauso gute Vorraussetzungen und Potenziale vorweisen.

Ebenso bieten die Beitrittsverhandlungen zur EU dem türkischen Immobilienmarkt eine zusätzliche Auftriebskraft. Durch ein weiteres Öffnen des Marktes nach einem Beitritt werden die Investitionen im Land steigen, Ausländer werden ihre Aktivitäten dort verstärken und ein positiver Effekt auf den Immobiliensektor wie seinerzeit in Spanien wird mit dieser Entwicklung einhergehen.

---

189 Vgl. http://www.nationmaster.com/time.php?stat=eco_gdp_rea_gro_rat&country=tu.

Doch sind die Preise in der Türkei bereits in den vergangenen Jahren wie zuvor beschrieben, gestiegen. Daher stellt sich die berechtigte Frage, ob es für eine Investition nicht schon zu spät ist. Angesichts der Entwicklungen am globalen Finanzmarkt und dem daraus entstandenen Verkaufsdruck der Investoren, um ihren Kapitalbedarf zu decken, sind auch die Preise in der Türkei in den letzten Monaten zurückgegangen. Dies kann als eine gesunde Konsolidierungsphase betrachtet werden und ebenso eine günstige Einstiegsmöglichkeit bedeuten. Denn der langfristige Trend bleibt wie zuvor beschrieben weiterhin intakt. Das Ausmaß der bisherigen Preissteigerungen, und soviel kann auch ohne ein vorhandenes Preisindex festgestellt werden, hat noch bei weitem nicht das Niveau von Spanien erreicht. In der Türkei sind außerdem die realen Grundstückspreise immer noch weitaus günstiger als in Spanien und für eine Investition in mediterrane Immobilien sind die Preise für einen deutschen Investor erschwinglich. So kann in Alanya eine Immobilie zum Quadratmeterpreis von etwa 1.000,- TL erworben werden. Eine Wohnung in Strandnähe mit 120 m² könnte somit schon ab einem Preis von 120.000 TL erworben werden, was umgerechnet ca. 56.000,- Euro ausmachen würde.[190]

Daran ist erkennbar, dass trotz der bisherigen hohen Wachstumsraten in der Türkei, die Preise noch deutlich unter dem europäischen Standard liegen und weiteres Potenzial für Preissteigerungen bieten. Sollten sich also die politischen und wirtschaftlichen Rahmenbedingungen für die Türkei in naher Zukunft nicht wesentlich verschlechtern, so steht dem türkischen Immobilienmarkt durchaus eine ähnliche Entwicklung wie der Spanischen bevor.

---

190 Vgl. http://www.samerendeksi.com/GenelBakis.

6 Fazit

6.1 Zusammenfassung der Ergebnisse

Ziel dieser Ausarbeitung war das Analysieren des türkischen Immobilienmarktes und die Abgabe einer Einschätzung über den Sinn einer Investition in diesem Land aus Sicht eines deutschen Privatinvestors. Dabei ergaben sich verschiedene Erkenntnisse, die zusammengefasst eine Richtung für die Entscheidungsfindung geben. Dabei sollten die Chancen und Potenziale ebenso gesehen werden, wie die Unwägbarkeiten und Risiken.

Zu den positiven Erkenntnissen sei einleitend gesagt, dass gerade bei Immobilieninvestitionen als „weiche Faktoren" das Land und die Leute eine Rolle spielen. Ein angenehmes Klima, ein von Meeren umgebenes Land, sowie die dazugehörige Kultur, Geschichte und die viel zitierte Gastfreundlichkeit nehmen einem zumindest die Entscheidung auf der Bauchebene ab. Doch dies sollte keine alleinige Grundlage für eine Immobilieninvestition sein.

Bei den „hard facts" besticht die Türkei durch die positiven und aussichtsreichen Fundamentaldaten. Hierbei sind insbesondere das wirtschaftliche Wachstum und der steigende Wohlstand im Land zu nennen. Getragen wird dies zudem von deutlich sinkender Inflation und fallenden Zinsen.

Eine vielversprechende demografische Entwicklung wie die wachsende Bevölkerung und die kleiner werdenden Haushalte verheißen positives für den türkischen Immobilienmarkt und deuten auf den hohen Wohnraumbedarf der Nation hin. Der erhebliche Sanierungsbedarf bei einem Großteil der Immobilien unterstreicht nochmals die positiven Aussichten auf der Nachfrageseite des Marktes.

Die Aufhebung der Unklarheiten bezüglich des Immobilienerwerbs durch Ausländer schafft nun auch die erforderliche rechtliche Sicherheit für Investoren. Durch ein vorherrschendes stabiles Bankensystem sind die Gefahren aus einer daraus resultierenden Krise ebenfalls gering und bieten durch das neue Hypothekengesetz zudem auch Finanzierungsmöglichkeiten für Ausländer ohne Hauptwohnsitz in der Türkei. Die Transaktions- und Bestandskosten für eine Immobilie in der Türkei sind ebenso wie die Lebenshaltungskosten noch vergleichsweise günstig.

Die Aussichten auf einen EU- Beitritt der Türkei dürften dem Markt zudem weitere positive Impulse verleihen und bieten aktuell noch vergleichsweise zum spanischen Immobilienmarkt günstige Einstiegsmöglichkeiten.

Doch ebenso sollten die Risiken im Zusammenhang mit einer Investition in der Türkei bei einer Entscheidungsfindung berücksichtigt werden.

Hier sei erwähnt, dass bestimmte „soft facts" ebenso als nachteilig empfunden werden können. Eine zum übrigen Europa sicherlich unterschiedliche Mentalität, ebenso eine andere Religion mag insbesondere für ausländische Investoren auch befremdend wirken und kann individuell auch zu einem negativen Entschluss führen.

Unabhängig davon lauern die Gefahren bei einer Investition in der Türkei schon beim Kauf der Immobilie. Bei der Abwicklung der Transaktion wird daher empfohlen, professionelle und gegebenenfalls deutschsprachige Unterstützung einzuholen, um Missverständnissen von vornherein aus dem Weg zu gehen und Fehler beim Kauf zu vermeiden. Denn hier unterscheidet sich der Ablauf durchaus von dem in Deutschland. Außerdem sind die in der Ausarbeitung erwähnten Restriktionen für Ausländer bereits bei der Immobiliensuche zu beachten.

Viele Gebiete der Türkei sind als Erdbebengebiete gekennzeichnet und daher ist auch diesem Punkt Beachtung zu schenken. Es lässt sich zwar nicht immer vermeiden, auf einem solchen zu bauen oder zu kaufen, aber dann sollte zumindest auf eine stabile Bausubstanz und eine vorkehrende, zusätzliche Erdbebenversicherung Wert gelegt werden. Die noch ausbaufähige, mangelnde Infrastruktur der Türkei ist ebenfalls aus Sicht eines Investors zu beachten.

Die Finanzierungskosten für einen Immobilienerwerb in der Türkei sind außerdem weiterhin hoch. Sofern der Käufer also keinen Kauf aus Mitteln seines Privatvermögens tätigt, so hat er die Darlehenszinsen in der Türkei, die weitaus höher sind als in Deutschland, zu tragen. Dies kann aus reinen Renditegesichtspunkten gesehen eine Investition bereits für unrentabel erklären.

Als aufstrebendes Schwellenland ist die Türkei zudem für globale Schocks eher anfällig, als gestandene Industrienationen. Wenn in diesem Zusammenhang also ausländische Investoren, von denen Türkei besonders abhängig ist, ihr Geld aus dem Land abziehen, würde dies einen Verkaufsdruck auf dem gesamten Markt auslösen und die Preise nach unten bewegen. Doch auch interne Schocks insbesondere aus politischen Kreisen könnten den Markt negativ beeinflussen und sind besonders kritisch zu betrachten.

Der insgesamt noch als unreif geltende türkische Immobilienmarkt ist aus Sicht eines ausländischen Investors weiterhin untransparent. Genaue Einschätzungen zu aktuellen Preisen lassen sich schwierig abgeben. Daher sollten die Investitionstä-

tigkeiten keineswegs voreilig vorgenommen werden, sondern sollten einer individuellen Markteinschätzung vor Ort unterzogen werden.

6.2 Ausblick und Handlungsempfehlung

Die Abgabe einer allgemeingültigen Handlungsempfehlung ist für den türkischen
Immobilienmarkt nicht möglich. Vielmehr sollte hier eine risikoadjustierte Entschei-
dungsvorlage gegeben werden.

Grundsätzlich kann festgehalten werden, dass sich ein langfristiges Investment
durchaus lohnt. Die Fundamentaldaten sprechen hierfür eine deutliche Sprache,
insbesondere auch die demografische Entwicklung. Die Gefahr einer Immobilienblase ähnlich wie in Spanien ist gegeben, doch eine Investition zum jetzigen
Zeitpunkt würde selbst bei einem späteren Platzen der Immobilienblase vermutlich
noch ein höheres Preisniveau ausweisen als das Heutige. Gefahren aus einer
globalen Krise, insbesondere kurzfristiger Natur sind hingegen für jeden Markt
gleichsam vorhanden, doch die Risikoprämie die in der Türkei gezahlt wird, ist
weitaus höher.

Ein eventuelles Scheitern der EU- Beitrittsverhandlungen könnte in Zukunft dazu
führen, dass Phantasie, welche eventuell schon zu Teilen im Markt eingepreist ist,
wieder abfließt und den Markt unter Druck setzt.

Zu einer langfristigen Investition zur Eigennutzung oder einer Kapitalanlage als
Beimischung in einem breit diversifizierten Immobilienportfolio wird Marktfremden
unter Beachtung der zuvor erwähnten Gefahren und unter größtmöglicher Obacht
angeraten.

Den risikoaversen Investoren empfiehlt sich, die derzeit aktuelle globale Wirtschaftskrise und gegebenenfalls noch weitere Fortschritte bei den EU- Beitrittsverhandlungen abzuwarten, bevor ein Investment getätigt wird.

Risikofreudige Investoren hingegen werden von einem dynamischen, schnell
wachsenden und impulsierenden Immobilienmarkt, welcher mittelfristig hohe
Renditen in Aussicht stellt, mit offenen Armen empfangen.

Anhang

Tapu[191]:

---

191 Quelle: Entnommen aus: http://www.eura-nexus.com/index.php?id=41.

Literaturverzeichnis

Bücher

Akkaya, C., Özbek, Y., Sen, F. (1998): Länderbericht Türkei, Darmstadt 1998

Prell, B. (2006): Leben und Arbeiten in der Türkei, Berlin 2006

Haimann, R., Osadnik, S. (2001): Das eigene Haus im Süden, Frankfurt am Main 2001

Hinrichs, H. (2007): Entwicklung grenzüberschreitender Immobilieninvestitionen, in: Mayrzedt, H., Geiger, N., Klett, E., Beyerle, T. (Hrsg.), Internationales Immobilienmanagement, München 2007, S. 71- 79

Homer, S., Sylla, R. (1996): A History Of Interest Rates, 3. Aufl., New Jersey 1996

Gottschlich, J. (2008), Türkei: Ein Land jenseits der Klischees, Berlin 2008

Nohlen, D., Hildenbrand, A. (2005): Spanien: Wirtschaft – Gesellschaft – Politik. Ein Studienbuch, 2. Aufl., Wiesbaden 2005

Schrader, K., Laaser, C.- F. (1994): Die baltischen Staaten auf dem Weg nach Europa – Lehren aus der Süderweiterung der EG, Tübingen 1994

Veröffentlichungen

Deutsche Bank Research (2008), Immobilieninvestitionen in der Türkei: Mehr als nur Istanbul, Frankfurt am Main 2008

DTZ Pamir & Soyuer (2009), Istanbul Office Market Overview (Summary), Istanbul 2009

European Central Bank (2008), House Prices, Money, Credit and the Macroeconomy, Working Paper Series No 888/ April 2008, Frankfurt am Main 2008

The Urban Land Institute and PriceWaterhouseCoopers (2008), Emerging Trends in Real Estate Europe 2008, Washington D.C. 2008

The Urban Land Institute and PriceWaterhouseCoopers (2009), Emerging Trends in Real Estate Europe 2009, Washington D.C. 2009

Turconomics (2009), Türkei- Länderbericht, Zirndorf 2009

Turconomics (2009), Türkei- Wahlen und Wachstum, Zirndorf 2009

WestLB (2007), Spanien- Am Tropf der Bauwirtschaft, Düsseldorf 2007

Internet

http://www.investments-check.de, Stand: 05.04.2009

http://www.tuerkei-urlaub-info.de/anreise/anreise.htm, Stand 05.04.2009

http://www.ftd.de/politik/europa/1096704952278.html, Stand 05.04.2009

http://www.immobilien-tuerkei24.de/informationen_tuerkei/lage
_geographie_tuerkei.html, Stand 05.04.2009

http://www.weltkarte.com/europa/landkarten_tuerkei.htm, Stand 05.04.2009

http://www.immobilien-markt-direkt.de/immobilienmarkt.html, Stand 05.04.2009

http://www.allgrund.com/top10/immoinfo/22002/2-2002.htm, Stand 05.04.2009

http://www.gtai.de/DE/Content/__SharedDocs/Anlagen/PDF/Markets-Artikel/2008-
01-tuerkei-europa,templateId=raw,property=publicationFile.pdf/2008-01-tuerkei-
europa?show=true Stand 25.05.2009

http://www.immobilien-zeitung.de//htm/news.php3?id=28079&rubrik=1, Stand
25.01.2009

http://www.handelsblatt.com/politik/konjunktur-nachrichten/iwf-rechnet-mit-
einbruch-der-weltwirtschaft;2134254, Stand 30.05.2009

http://www.spiegel.de/wirtschaft/0,1518,122601,00.html, Stand 20.04.09

http://www.spiegel.de/politik/ausland/0,1518,128399,00.html, Stand 20.04.2009

http://www.spiegel.de/wirtschaft/0,1518,119082,00.html, Stand 20.04.2009 http://www.wsws.org/de/2001/apr2001/tuer-a17.shtml, Stand 25.04.2009

http://www.kas.de/proj/home/pub/44/1/year-2009/dokument_id-15420/index.html,
Stand 20.04.2009

http://www.tagesspiegel.de/meinung/kommentare/Tuerkei-Ahmet-
Davutoglu;art141,2788465, Stand 30.05.2009

http://www.news.ch/EU+Beitrittsverhandlungen+mit+der+Tuerkei+auf+gutem+Weg/
383057/detail.htm, Stand 06.06.2009

http://www.focus.de/immobilien/kaufen/immobilienmarkt-
bulgarien_aid_104913.html, Stand 06.06.2009

http://www.turkisheconomist.com/, Stand 20.04.2009

http://www.handelsblatt.com/politik/konjunktur-nachrichten/tuerkische-wirtschaft-
ruft-nach-dem-waehrungsfonds;2071014;0, Stand 30.05.2009

http://www.turconomics.com/baseportal/baseportal.pl?htx=/turkisheconomist.de/ne
ws&page=1.3&news_kategorie=Analyse&range=0,1&artikel=523, Stand
30.05.2009

https://www.gtai.de/ext/Export-Einzelsicht/DE/Content/__SharedDocs/Links-
Einzeldokumente-Datenbanken/fachdokument,templateId
=renderPrint/MKT200808198019.pdf, Stand 11.05.2009

http://www.dtsinfo.de/deutsch/p200206/Seite07.htm, Stand 30.05.2009

http://www.ayyo.de/ayyoenergie/Deutsch/Tuerkei/Wirtschaft/Wirtschaftspolitik.html,
Stand 30.05.2009

http://www.atis-austria.com/V2/Deu/Content.asp?atis=25, Stand 30.05.2009

http://www.wiwo.de/politik/tuerkei-erzielt-export-rekord-126106/2/, Stand
06.06.2009

http://www.auswaertiges-
amt.de/diplo/de/Laenderinformationen/Tuerkei/Bilateral.html#t4, Stand 07.06.2009

http://berufundchance.fazjob.net/s/Rub0A1169E18C724B0980CCD7215BCFAE4F/
Doc~EAC23A 49087F94AEC94449AFA1F7D8A91~ATpl~Ecommon~
Scontent.html, Stand 07.06.2009

http://www.auswaertiges-amt.de/diplo/de/Laenderinformationen/Tuerkei/
Wirtschaft.html, Stand 30.05.2009

http://www.handelsblatt.com/politik/konjunktur-nachrichten/inflationsrate-der-
tuerkei-erstmals-seit-30-jahren-einstellig;744611, Stand 11.06.2009

http://acemaxx-analytics-dispinar.blogspot.com/2009/05/turkei-inflation-auf-
rekordtief.html, Stand 11.06.2009

http://acemaxx-analytics-dispinar.blogspot.com/2009/05/turkische-zentralbank-
senkt-ihren.html, Stand 11.06.2009

http://www.finanzinform.de/waehrungen/26/Tuerkische-Lira.html, Stand 06.06.2009 http://www.onvista.de, Stand 06.06.2009.

http://waehrungen.onvista.de/, Stand 06.06.2009

http://tuerkei-berater.de/index.php?option=com_content
&task=view&id=25&Itemid=32, Stand 20.04.2009

http://www.handelsblatt.com/finanzen/immobilien/tuerkei-schockt-auslaendische-
investoren;1424417, Stand 20.04.2009

http://www.sunandhome.de/news1.htm, Stand 07.06.2009

http://www.sueddeutsche.de/immobilien/341/445078/text/5/, Stand 07.06.2009

http://www.ihk-koeln.de/Navigation/International/Markterschliessung/Tuerkei
Laenderschwerpunkt2003.jsp#ZahlenUndFakten, Stand 10.05.2009

http://www.emlak-konut.com/2008/07/08/gayrimenkul-alacak-ve-satacak-olanlari-
ilgilendiren-yeni-yasa-cikti/, Stand 11.05.2009

http://www.gtai.de/DE/Content/__SharedDocs/Links-
EinzeldokumenteDatenbanken/fachdokument.html?fIdent=
MKT200904098016&source=DBNL&sourcetype=NL, Stand 11.05.2009

http://www.alanya-tuerkei.de/immo-info.htm, Stand 11.05.2009

http://www.ongoren.av.tr/newsletter/de/08-08.php, Stand 11.05.2009

http://www.sueddeutsche.de/immobilien/341/445078/text/6/, Stand 07.06.2009 http://www.prima-alanya.de/1recht_steuern_erben.html, Stand 23.05.2009

http://www.dener.eu/kueche/restaurant/index.html, Stand 23.05.2009

http://www.ftd.de/boersen_maerkte/geldanlage/158572.html, Stand 23.05.2009

http://www.konutkredileri.com/content/view/260/96/ Stand 04. Juli 2009

http://www.gtai.de/fdb-SE,MKT200706228001,Google.html, Stand 25.05.2009

http://www.ddm.com.tr/Pages/en-us/Fullhtml.aspx?PageId=4, Stand 07.06.2009

http://www.tuik.gov.tr/PreHaberBultenleri.do?id=3993, Stand 12.04.2009

http://www.tcviyana.at/v1/0_PUBLIC/DEU/50_b_02.asp, Stand 13.04.2009

http://www.destatis.de/jetspeed/portal/cms/Sites/destatis/Internet/DE/Presse/pm/20
09/03/PD09__084__63211.psml, Stand 13.04.2009

http://www.webdolusu.com/2009/03/mastercard-arastirma-raporu/, Stand
11.06.2009

http://www.arkitera.com/h37510-turkler-krizde-en-iyi-yatirim-olarak-gayrimenkulu-
goruyor.html, Stand 11.06.2009

http://www.3sat.de/3sat.php?http://www.3sat.de/hitec/magazin/115339/index.html,
Stand 13.04.2009

http://www.torokorszag-turkiye.hu/trip1/imagepages/image59.html, Stand 13.04.2009

http://www.getjobs.net/index.php?path=gj_eu&arc=679, Stand 25.05.2009

http://www.welt.de/print-welt/article186076/Kinder_Kinder.html, Stand 13.04.2009

http://gte.business-on.de/immobilienmarkt-in-deutschland-und-der-tuerkei-widersetzt-sich-internationalem-abwaertstrend_id238.html, Stand 06.04.2009

http://www.tkgm.gov.tr/yabancilar/default.aspx, Stand 20.04.2009

http://www.tkgm.gov.tr/yabancilar/ilceler.aspx?ID=70&adi=mugla&ilAdi=Muğla, Stand 20.04.2009

http://www.tkgm.gov.tr/yabancilar/ilceler.aspx?ID=29&adi=antalya&ilAdi=Antalya, Stand 20.04.2009

http://www.o-cean-estate.com/index.php?option=com_content&view=article&id=60&Itemid=72&showall=1, Stand 20.04.2009

http://www.mimdap.org/w/?p=6483, Stand 27.04.2009

http://www.immobilien-zeitung.de/htm/news.php3?id=28079, Stand 30.05.2009

http://www.handelsblatt.com/finanzen/immobilien/tuerkei-lockt-mit-immobilien;1155938, Stand 24.06.2009 http://www.samerendeksi.com/GenelBakis, Stand 04.07.2009

http://www.gtai.de/DE/Content/__SharedDocs/Links-Einzeldokumente-Datenbanken/fachdokument.html?fIdent=MKT200711238012, Stand 24.06.2009

http://www.yesaddress.com/emlakhaberleri/132/3-Kopru-Nereden-Gececek.html, Stand 24.06.2009

http://www.presseportal.de/pm/8664/1345234/pwc_pricewaterhousecoopers, Stand 25.06.2009

http://www.red2000.com/spain/primer/2geo.html, Stand 25.06.2009

http://www.red2000.com/spain/primer/2data.html, Stand 25.06.2009

https://www.cia.gov/library/publications/the-world-factbook/geos/SP.html#top, Stand 25.06.2009

http://www.as-immobilien.com/index.php4?cmd=newsdetails&newsid=533, Stand 25.06.2009

http://www.ine.es/GSTConsul/infDatosSeriesAction.do?codigo=DPOD1, 25.06.2009

http://www.ine.es/en/prensa/np552_en.pdf, Stand 25.06.2009

http://www.eds-destatis.de/de/downloads/sif/nk_03_24.pdf, Stand 25.06.2009 http://www.gimaconsult.com/service/newsletter/aktuelles/sept-08/nl-9-08-SP, Stand 26.06.2009

http://www.europa-infoshop.de/Die_Union/Lander/EU-Mitgliedsstaaten/Spanien/spanien.html, Stand 25.06.2009

http://diepresse.com/home/wirtschaft/finanzkrise/465730/index.do, Stand 26.06.2009

http://www.wiwo.de/politik/in-spanien-auf-sand-gebaut-273439/2/, Stand 27.06.2009

http://www.wiwo.de/politik/in-spanien-auf-sand-gebaut-273439/, Stand 27.06.2009

http://www.wiwo.de/finanzen/spanische-ferienhaeuser-entwickeln-sich-zum-alptraum-302474/, Stand 27.06.2009

http://www.zeit.de/2007/39/Spanien-Immobilien-Boom?page=1, Stand 27.06.2009

http://www.nationmaster.com/time.php?stat=eco_gdp_rea_gro_rat&country=tu, Stand 27.06.2009

http://www.eura-nexus.com/index.php?id=41, Stand 20.05.2009